FAKE NEWS

ALEXANDRE CAPRON

Préface de Tristan Mendès France

FAKE NEWS

LE GUIDE POUR REPÉRER LA DÉSINFORMATION ET ÉVITER DE TOMBER DANS LES PIÈGES

MARDAGA

B-1160 Bruxelles (Belgique)
www.editionsmardaga.com

Coordination éditoriale : Chloé Van Rossom et Cindy Gravier
Design de couverture : AMJane (Jeanne Cassiers)
Photo de couverture : bannosuke via 123RF
Maquette intérieure : Carine Thurion – CW Design

Dépot légal : 2024/0024/13
ISBN papier : 9782804734732
ISBN numérique : 9782804734749

Achevé d'imprimer en février 2024
sur les presses de l'imprimerie L&C Printing Group en Pologne

Sommaire

Hippolyte, voilà à quoi ressemblait
un peu notre monde en 2024.
Rester positif et transmettre ton expérience
est une clé pour y survivre.

« Il ne suffit pas que les messages et les informations circulent vite pour que les Hommes se comprennent mieux[1]. »

Dominique WOLTON

Préface

Moment de bascule.

Comment ne pas être saisi par un sentiment de vertige lorsque l'on contemple l'état actuel du monde ? On assiste tous, effarés, au délitement de nos sociétés démocratiques, et particulièrement de ce qui en fait le ciment : l'information. Les tensions internationales, la polarisation idéologique mondiale nourrissent une instabilité propice aux acteurs toxiques de la planète. Une opportunité historique pour les manipulateurs en tout genre, animés par le gain ou le pouvoir et qui trouvent dans ce chaos un terrain de jeu inespéré.

Car c'est bien tout l'écosystème informationnel qui est bouleversé, tout l'édifice de l'information qui est attaqué. De l'émetteur, qui peut travailler les opinions de n'importe quel pays (du moment qu'il est libre et démocratique), au récepteur, qui, de plus en plus, accède à l'information à travers des plateformes numériques qui en distordent l'intégrité. C'est à ce moment de bascule que nous assistons. Celui d'un écosystème de l'information pilonné par des crises majeures et l'irruption de dispositifs numériques disruptifs.

On pense bien sûr à la crise du Covid, que l'OMS a justement qualifié d'infodémie, et qui a été, au niveau planétaire, l'un des plus grands accélérateurs de la confusion informationnelle. Mais aussi à la guerre en Ukraine qui a révélé combien un État, la Russie, pouvait mettre toute sa puissance au service du chaos informationnel, ou encore à celle entre le Hamas et Israël, qui nous montre à quel point la désinformation ou la mésinformation peuvent nourrir une lecture partisane et polarisée du conflit. Tous ces moments de crise cumulés fragilisent ce qui est pourtant un pilier fondamental de la cohésion de nos sociétés démocratiques : les faits que nous partageons.

À quoi s'ajoutent des bouleversements technologiques : l'avènement du Web d'abord, l'apparition des réseaux sociaux ensuite, tous deux travaillés par des algorithmes qui en accentuent les travers, sans oublier l'irruption soudaine des IA génératives qui font vaciller notre perception du réel. Jamais l'intégrité de l'information n'a été à ce point fragilisée. Et les risques sont évidents : si on ne s'entend plus sur les faits, comment peut-on encore faire société ?

Une démocratie ne fonctionne correctement que si ceux qui la composent, ses citoyens, peuvent se faire une opinion éclairée des enjeux qui la traversent. Or, cet édifice délicat résiste mal au chaos informationnel. Et c'est bien là le fond du problème. Un citoyen est un électeur. S'il s'informe mal, il vote mal. Et c'est toute la mécanique démocratique qui se grippe.

On mesure donc à quel point il est plus que jamais nécessaire de savoir s'orienter dans ce brouillard informationnel. Encore faut-il avoir les outils qui permettent d'estimer le crédit d'un contenu auquel on est exposé en ligne. C'est précisément ce à quoi s'attelle l'ouvrage d'Alexandre Capron : offrir des clés de lecture, des méthodes, des ressources aux internautes-citoyens d'aujourd'hui. Un véritable guide de survie en environnement informationnel hostile.

Tristan Mendès France
Maître de conférences associé à l'université Paris-Cité,
Spécialiste des cultures numériques et de l'extrémisme en ligne
et collaborateur de l'Observatoire du conspirationnisme,
Coproducteur de Complorama sur France Info

Avant-propos

Ce livre se concentre sur l'état des connaissances en matière de vérification des contenus sur les réseaux sociaux connus fin 2023, et se limite volontairement à des conseils sur les plateformes principales des réseaux sociaux : Facebook, Instagram, X (ex-Twitter), TikTok, YouTube. Les conseils que vous y trouverez s'appliquent cependant à tous les autres supports non cités, comme les messageries instantanées, telles que WhatsApp ou Telegram, voire BlueSky, Threads, Mastodon ou encore LinkedIn.

Certains exemples illustrés par des images ou des captures d'écran de vidéos peuvent choquer, mais ils correspondent à la réalité du travail de vérification qui s'effectue parfois sur des contenus sensibles.

Le lecteur doit garder à l'esprit qu'il s'agit d'une thématique où l'évolution des connaissances est aussi rapide que la diffusion des fausses informations : certains conseils pourraient s'avérer rapidement obsolètes, et des outils détaillés ne seront peut-être plus fonctionnels dans les mois ou années à venir. Ce livre pose cependant les bases d'une réflexion et d'une méthodologie qui resteront valables, et ce, aussi longtemps que la désinformation prospérera sur les plateformes numériques.

Enfin, il est utile de rappeler que, avant de commencer une enquête, il sera judicieux de prendre quelques précautions pour assurer sa sécurité numérique : tout utilisateur laisse des traces sur Internet, or, toute donnée personnelle a de la valeur, et protéger sa vie privée est essentiel pour ne pas s'exposer.

Introduction

Quand j'ai annoncé à mon épouse que j'allais rédiger un livre sur « comment repérer et se protéger des fausses informations », elle m'a plus ou moins répondu : « Pas compliqué, tu te coupes d'Internet et des réseaux sociaux et voilà, c'est terminé ! » Elle a tellement raison. Journaliste depuis une douzaine d'années, les réseaux sociaux et le flux informationnel qui vient avec, c'est mon quotidien. Difficile de décrocher des écrans, de peur de rater la dernière information à connaître, de ne pas se sentir informé et, dans mon cas, de ne pas informer mes potentiels lecteurs sur un sujet qui me semble important. Avec ce constat vient aussi la fatigue. Une grosse fatigue. Le sentiment d'être noyé face au flot d'informations et, pire encore, face à l'incertitude de ces informations souvent partagées par des inconnus.

Tout commence en 2012, lorsque j'intègre le média international français France 24, d'abord au sein de la chaîne de télévision, puis en tant que journaliste de la rubrique des Observateurs. La mission de cette équipe : vérifier et authentifier les contenus amateurs postés sur les réseaux sociaux ou envoyés directement à la chaîne.

Je me souviens très précisément de la première fois où j'ai été confronté à une fausse information dans ce cadre : en septembre 2012, un internaute avait envoyé des photos supposées montrer des zébus volés par des dahalos, des bandits habitués à dérober ces animaux pour des rites initiatiques, à Madagascar. En quelques clics, une collègue de l'époque avait retrouvé des traces de la photo dans des articles de presse datant de plusieurs semaines, et confronté la personne qui souhaitait nous alerter sur ces images, censées être récentes. Quelques mois plus tard, j'avais moi-même vérifié des images envoyées par des internautes voulant nous alerter sur des violences policières à Djibouti, des photos prises en réalité dans d'autres pays du continent africain.

À ce moment-là, difficile d'imaginer que, douze ans plus tard, les fausses informations seraient aussi nombreuses, organisées et permanentes, quasiment sur tous les sujets. La couverture de ce guide se veut d'ailleurs à leur image, en reproduisant leurs codes, avec cet aspect sombre et anxiogène, qui magnétise pourtant et qui exerce un pouvoir d'attraction intrigant... D'ailleurs, n'est-ce pas une des raisons qui fait que vous l'avez entre les mains ? Ce sont ces codes qui sont utilisés au quotidien par les désinformateurs, et ils ont malheureusement un impact fort sur l'information.

Alors, que faut-il faire pour leur échapper ? Éteindre les écrans ? Se débarrasser de son téléphone ? Ce serait la solution de facilité, bien sûr. Et surtout, ce serait renoncer. Alors que je n'avais aucune connaissance particulière dans ce domaine, grâce à mon métier, j'ai rapidement pris conscience que s'armer face à ce flot informationnel excessif était essentiel pour ne pas être soi-même berné, et donc pour transmettre une information vérifiée au public.

Vous vous demandez probablement pourquoi je vous partage mes questionnements. En fait, je crois fermement que le milieu dans lequel je travaille, celui du *fact-checking*, c'est-à-dire de la vérification des contenus manipulatoires sur Internet, représente un exercice de transparence et de transmission des connaissances d'utilité publique. Vérifier les fausses informations, ce n'est pas juste dire « C'est faux » ou « C'est vrai », c'est expliquer pas à pas, en dévoilant sa méthode, les outils utilisés et la façon de procéder. C'est montrer par la preuve comment on est arrivé à une conclusion, souvent nuancée, concernant un contenu.

Transmettre cette méthode et ces astuces a pour objectif de diffuser les bons réflexes face à ce flot informationnel, pour trier le vrai du faux. Mais c'est aussi une façon de dire que chacun d'entre nous à son rôle à jouer face à la désinformation. Vérifier n'est plus, et ne doit plus être, l'apanage des journalistes. Alors, bien entendu, c'est notre métier de vérifier les informations, en particulier celui des cellules dédiées de *fact-checkers*, et nous sommes payés pour le faire. Mais l'enjeu dépasse de loin le cadre journalistique : il concerne chacun d'entre nous, de façon quasi quotidienne.

Ce livre tente de répondre à cet enjeu, à son niveau. Il n'a pas la prétention de vous expliquer l'intégralité des techniques utilisées dans une rédaction de *fact-checking*, mais plutôt de vous présenter des réflexes de base, dont certains seront plus détaillés, afin de déconstruire les codes des désinformateurs et vous aider à repérer leurs manipulations. Ce guide, clair et concis, centralise les connaissances principales en matière de vérification, afin que vous puissiez avoir toujours l'essentiel à portée de main.

Cet ouvrage se veut surtout illustré, autant que possible, par des études de cas, en encadrés, issues de mon expérience : douze ans au sein d'une rédaction spécialisée dans la vérification des images, et près de sept années dans le milieu de la vérification des contenus manipulatoires. Ma spécialité est clairement la démystification des fausses informations visuelles, et si j'insiste sur cet aspect, les conseils sont valables pour toute désinformation à laquelle vous pourriez faire face.

En fait, au-delà de se protéger, je veux vous montrer que faire du *fact-checking*, c'est non seulement ludique, mais c'est aussi un épanouissement personnel. C'est être une sorte de détective, d'enquêteur. C'est parfois chronophage, et cette pratique apporte tantôt de la frustration, tantôt une grande satisfaction. Dire « Je pense que c'est faux », c'est bien. Expliquer pourquoi c'est faux, et le prouver, c'est mieux.

Faire du *fact-checking*, c'est également être curieux, ouvert à des techniques particulières, et déployer une certaine logique pour faire jaillir les faits face à des tentatives de brouiller les pistes, le fameux brouillard informationnel dans lequel nous nous trouvons trop souvent. S'interroger sur le sens de cette action, et sur ce que sont aujourd'hui les *fake news*, est le point de départ nécessaire pour comprendre l'intérêt de se lancer dans cette démarche.

Faire du *fact-checking*, c'est également appliquer une sorte d'hygiène numérique pour ne pas se faire avoir, mais pas seulement. C'est aussi informer les autres pour qu'ils ne soient pas trompés. Ce livre est autant pour vous que pour vos proches, vos amis, vos connaissances sur les réseaux sociaux.

Enfin, cet ouvrage est une invitation à ralentir, à prendre le temps de vérifier en fonction de ses possibilités. Tout examiner n'est pas possible, mais chacun peut le faire à son niveau : en prenant parfois juste trente secondes et d'autres fois plusieurs heures, selon ses envies et son appétence. Et si on ne trouve pas, alors ce livre est aussi une invitation à la prudence, pour ne pas relayer des informations trop vite… sans non plus céder au doute ou à la peur.

Aujourd'hui, nous avons accès à des outils géniaux et apprendre à s'en servir est un enjeu de société. En ouvrant ce guide, vous faites le premier pas pour apporter votre pierre à cet édifice.

Chapitre 1

Bien définir pour bien comprendre

« *Fake news.* » Depuis bientôt huit ans, j'entends ou je lis ce terme au moins une dizaine de fois par jour. J'ai appris à l'accepter, à le regarder d'un œil parfois amusé, parfois consterné. Un directeur de média m'a dit un jour qu'il fallait tordre le cou à cet anglicisme et « éduquer le public » en proposant l'une de ses variantes francophones, comme « infox ». Mon histoire avec ces deux mots, « *fake news* », comme pour de nombreux spécialistes de la vérification, est un peu tumultueuse.

Indéniablement, cette expression est devenue à la mode. Synonyme de désinformation, de manipulation, de tromperie, ces deux mots côte à côte résonnent comme une alerte souvent lancée par les uns pour avertir et par les autres pour contrer, voire se défendre, en agitant un terme certes connu de tous, mais parfois mal compris.

Si beaucoup estiment que les *fake news* datent de la nuit des temps, qu'elles étaient déjà présentes au XIXe siècle dans le cadre de nouvelles inventées dans des journaux, ou encore qu'elles ont été popularisées par le canular d'Orson Welles en octobre 1938, on se concentrera cependant sur la définition moderne du terme et son sens contemporain.

Aujourd'hui, la notion de *fake news* est au cœur d'une confusion majeure : qu'est-ce qui est réellement de l'ordre de l'information de nature à intoxiquer la pensée, pour mieux faire passer un message, une idéologie, et influencer ? La question vaut la peine d'être posée, car définir correctement ce terme, c'est comprendre comment s'en prémunir. Tout comme j'essaie moi-même de me prémunir au quotidien de tous les pièges que comporte cette notion.

Une origine parodique

Une des explications clés a été apportée par Jayson Harsin, professeur à l'American School de Paris et spécialiste de la post-vérité[a]. Dans son essai *Guide critique des* fake news *: de la comédie à la tragédie*, il rapporte l'une des premières apparitions modernes du mot « *fake news* » :

> *Depuis 1999 au moins, le terme fake news a été utilisé dans un sens très large par un programme américain satirique d'information animé par Jon Stewart et qui se présentait ouvertement et ironiquement comme basé sur des « infos truquées ». Ce programme était « truqué » dans le sens où il imitait parfois le style des programmes relayant des « vraies nouvelles » ; il y avait des flashs d'information, et des journalistes étaient envoyés pour couvrir des événements ou invités à commenter l'actualité dans le studio*[2].

Les producteurs de cette émission, « The Daily Show », aujourd'hui animée par Trevor Noah, se sont d'ailleurs entourés d'auteurs du site satirique The Onion, équivalent américain du site français Le Gorafi, publiant des articles totalement inventés et humoristiques pouvant parfois paraître plausibles. Ainsi, l'expression « *fake news* » désignait initialement des blagues potaches, fondées sur des informations inventées mais crédibles, afin de divertir.

Jayson Harsin a procédé à une étude statistique de l'apparition du terme « *fake news* », qui révèle que, entre 1990 et 1999, une recherche de ces mots dans les moteurs de recherche ne renvoie qu'à une petite centaine de résultats. Puis, il détaille :

---

[a] Selon le *Larousse*, la post-vérité est un concept selon lequel nous serions entrés dans une période où l'opinion personnelle, l'idéologie, l'émotion, la croyance l'emportent sur la réalité des faits. En ligne : https://www.larousse.fr/dictionnaires/francais/post-vérité/188379

Entre 1999 et 2007 (pour s'en tenir à une période de huit ans), le nombre d'articles concernés passe à plus de 1 700, la plupart citant le « Daily Show ». Entre 2008 et 2012 : 1800 articles ; de 2013 à 2015 : 1 600 articles ; de 2016 à 2017 : 2 000 et plus[3].

Ainsi, à l'origine, l'apparition du terme est liée à des contenus à vocation humoristique. Aujourd'hui, si de très nombreux sites parodiques sont relativement connus, comme le belge NordPresse ou le français SecretNews, certains continuent de diffuser des informations satiriques, parfois reprises au premier degré. Ce dernier site s'est notamment fait connaître en janvier 2018, en publiant un article intitulé « Ferrero rappelle 625 000 pots de Nutella contaminés au Lactalis » poussant l'entreprise Ferrero à démentir l'article parodique pris pour vrai par de nombreux consommateurs. La frontière entre humour et fausse information ayant des conséquences est ainsi fine, et toujours d'actualité.

Le sens moderne du mot

Selon le dictionnaire *Collins*, qui date l'émergence du terme à l'année 2015, les *fake news* sont « des fausses informations ou informations sensationnelles qui se font passer pour de vraies informations[4] ».

Cette définition est à replacer dans son contexte : le terme a été véritablement popularisé dans le cadre de l'élection présidentielle américaine de 2016, et en particulier par Donald Trump qui l'a répété un peu plus de quarante fois sur Twitter (devenu depuis X), durant la campagne[5], et à maintes reprises dans ses discours, visant en particulier les médias qu'il accusait de travestir la réalité. Car c'est bien de cela qu'il s'agit : le terme « *fake news* » ne veut pas dire « fausse information ». Le terme « *fake* » est à prendre dans son sens premier, dans la logique trumpiste initiale : désigner quelque chose de « contrefait », ou « faisant semblant » de diffuser une information qui serait donc une « imposture ».

Ici, la logique de *fake news* se place dans ce qu'on appelle les « faits alternatifs » : l'information qui a été diffusée ne me plaît pas, je vais donc l'accuser de *fake news* pour me défendre, et proposer une autre version plus proche de ma perception et de ma façon d'analyser une situation. Cette logique – accuser l'autre d'être à l'origine du mensonge – a été la stratégie de Donald Trump durant toute sa présidence : selon le *Washington Post*, qui a tenu les comptes entre 2016 et 2021, Donald Trump a ainsi proposé sa version de la réalité à 30 572 reprises, soit une moyenne de 21 allégations erronées par jour[6].

Un terme qui entretient la confusion

En 2017, dans son rapport annuel, l'agence Reuters a analysé la compréhension du terme « *fake news* » par le grand public. On peut notamment lire :

> *Les définitions des « fausses nouvelles » sont semées d'embûches et les répondants mélangent fréquemment trois catégories :*
>
> - *Les nouvelles qui sont « inventées » pour gagner de l'argent ou discréditer les autres (1) ;*
> - *Les nouvelles qui ont une base factuelle, mais qui sont « transformées » pour répondre à un objectif particulier (2) ;*
> - *Les nouvelles avec lesquelles les gens ne se sentent pas à l'aise ou avec lesquelles ils ne sont pas d'accord (3)*[7].

Apparaissent ainsi de grandes différences de compréhension sur la thématique, sans pour autant que celles-ci soient fausses : d'un côté, des éléments issus de l'imagination, pouvant se rapprocher de l'information parodique (1), de l'autre, des informations réelles mais travesties (2), et enfin, des informations vraies mais avec lesquelles on n'est pas d'accord, qui seraient donc de l'ordre de la perception individuelle ou de l'opinion (3).

Le rapport, qui montre que le terme est associé au traitement médiatique, conclut notamment :

> *La production d'informations indifférenciées, dont les titres sont souvent des pièges à clics, est désormais exposée par la diffusion sur les réseaux sociaux, où les consommateurs sont moins conscients des sources d'origine et ne cherchent pas à choisir une chaîne d'information spécifique*[8].

En somme, une *fake news* n'est pas tant définie par son contenu que par sa forme : c'est parce qu'elle imite le style journalistique et les codes de l'information médiatique traditionnelle qu'elle brouille la frontière entre le factuel et le manipulatoire.

Fake news, infox… à quel mot se vouer ?

C'est pour cette raison que, dans le milieu des journalistes et celui des chercheurs, voire de certains sociologues, le terme « *fake news* », trop connoté, n'a pas bonne presse. Beaucoup lui préfèrent le terme plus large « fausse information », moins parlant pour le grand public. D'autres avancent le mot « intox[9] », comme les Observateurs de France 24 depuis 2015 ; l'Office québécois de la langue française déconseille fortement l'utilisation de l'anglicisme pour privilégier « fausse nouvelle[10] » ; et l'association Défense de la langue française a même proposé le terme « fallace[11] ».

Plus récemment, en 2018, l'Académie française a officiellement retenu le mot « infox », depuis inscrit au *Journal officiel de la République française* (*JORF*). Le terme est défini comme une « information mensongère ou délibérément biaisée[12] », dans la base de données de FranceTerme. Concrètement, son inscription au *JORF* « oblige l'administration à utiliser [ce mot], mais ce n'est qu'une recommandation pour les citoyens[13] », comme le précise Pierrette Crouzet-Daurat, responsable de la Mission développement et enrichissement de la langue française du ministère de la Culture.

À l'instar de « *fake news* », le terme « infox » n'est pas non plus très utilisé dans la sphère des vérificateurs francophones. Contraction de « information » et « intoxication », le terme mélange ainsi les deux concepts. Or, une fausse information peut-elle vraiment être considérée comme une information ? À la fois une information et une intox ? Le terme, s'il a le mérite d'éviter un anglicisme, poursuit la même logique que celui de « *fake news* », introduisant une confusion entre ce qui est de l'ordre de l'information et ce qui est de l'ordre de la désinformation.

Force est de constater que tous ces mots ne se sont pas imposés au grand public, pas plus auprès des médias ou des personnalités publiques qui continuent d'utiliser régulièrement les mots « *fake news* », résonnant bien plus à l'oreille du chaland numérique. Une simple recherche via Google Actualités confirme cette tendance : « *fake news* » renvoie à plus de 1,6 million de résultats, alors que « infox » n'en fait ressortir que 4 950[14].

D'ailleurs, c'est probablement la raison pour laquelle vous avez acheté ce livre : vous seriez-vous arrêté sur un terme différent que « *fake news* » ? Cette expression n'est pas à bannir de votre vocabulaire, cependant il faut bien analyser sa signification, et surtout ce qu'elle représente aujourd'hui.

Une utilisation galvaudée du terme « *fake news* »

Pour se prémunir des fausses informations, mais aussi protéger ses proches, voire ses contacts numériques, adopter une bonne hygiène linguistique semble être la première étape : être prudent avec ce terme est une priorité, tant il est utilisé à tort et à travers. Crier à la *fake news* est devenu, à l'image d'un Donald Trump duplice, une façon de critiquer l'autre camp, souvent un média, peu importe que son information soit juste ou fausse – la fameuse « réalité alternative » que nous évoquions plus tôt.

À titre d'exemple, en juillet 2023, une polémique éclate à Marseille autour du choix du nouveau délégataire du château de la Buzine avec l'éviction du président de l'association gestionnaire, Nicolas Pagnol, petit-fils de l'écrivain français. La décision est critiquée par plusieurs responsables politiques locaux, qui accusent le maire de Marseille de satisfaire ses alliés communistes. Certains politiciens, comme Valérie Boyer, sénatrice Les Républicains des Bouches-du-Rhône, n'hésitent pas à dresser des parallèles douteux en évoquant la relance à Marseille d'une « purge communiste[15] ». À cela, Benoît Payan, le maire de la cité phocéenne, répond le 16 juin au journal *La Provence* : « Si la seule chose qui reste à mon opposition est d'utiliser les *fake news*, c'est qu'on doit plutôt bien travailler[16]. »

L'utilisation du terme peut ici paraître anodine, mais elle ne l'est pas : dans le cadre d'une polémique politique, il renvoie dos à dos les camps en désaccord, discréditant l'adversaire en l'accusant de diffuser de la désinformation. Ce terme a en fait un défaut majeur : il est désormais principalement galvaudé, utilisé à des fins de défense, particulièrement politique, et introduit une grande confusion dans le débat public sur son véritable sens initial : « Une information fabriquée, qui reprend les codes de l'information classique, pour mieux nuire à autrui, pour tromper délibérément, pour désinformer voire pour divertir[17]. » Dans notre exemple marseillais, l'information n'est pas diffusée selon cette logique : elle est exploitée dans une joute politique classique s'inscrivant dans un débat d'arguments. Cette illustration montre comment ces deux mots sont souvent utilisés sans raison ni justesse. C'est le premier écueil à absolument éviter.

Médias et *fake news*... accusés et responsables

L'une des utilisations les plus courantes du terme « *fake news* » se retrouve également dans l'accusation faite aux

« médias », terme générique pour désigner les journalistes à qui on reproche de diffuser des informations trompeuses.

Ce mot fourre-tout, on l'a vu, a particulièrement été sollicité par Donald Trump dans ce cadre, mais il est aussi régulièrement employé par des personnalités publiques présentes sur les réseaux sociaux. Ainsi, en mars 2023, la YouTubeuse Enjoy Phoenix le mentionnait pour protester contre un article de BFMTV qu'elle jugeait incomplet[18], ou encore en décembre 2022, l'entraîneur de l'équipe nationale de football belge Roberto Martinez contestait une information relayée par *L'Équipe*, au sujet d'une brouille entre cadres de son vestiaire, en la qualifiant de « *fake news* »[19].

Le terme « *fake news* » a l'avantage de parler immédiatement au grand public, dans les milieux anglophones comme francophones. Il permet également, sans aucun débat, que son emploi soit justifié ou non, de détourner l'attention et de dénigrer un média en l'attaquant là où cela blesse : sur l'exactitude factuelle de ses informations, sur son impartialité, voire sur sa déontologie.

Il n'y a pas de débat sur un point : un journaliste se doit d'être exemplaire et de sourcer factuellement ses informations, dans la limite de la protection de ses informateurs, afin de ne pas induire son public en erreur. Et il ne s'agit pas ici de nier que de nombreux médias relaient des informations sensationnalistes, basées parfois sur des sources insuffisantes, dans le but d'attirer le lecteur vers ses contenus.

Ces constats se reflètent dans les études d'opinion réalisées régulièrement en France : selon le baromètre 2023 Kantar Public-One point réalisé pour le quotidien *La Croix*[20], « 57 % des Français pensent que la plupart du temps il faut se méfier de ce que disent les médias sur les grands sujets d'actualité ». Quand on regarde en détail la perception des récits journalistiques, l'étude rapporte qu'environ un Français sur trois ne fait pas confiance aux médias de presse écrite, de radio ou de télévision pour s'informer sur l'actualité.

Cependant, il convient de faire ici un distinguo important pour comprendre pourquoi l'emploi à tort et à travers du terme « *fake news* » est un problème, particulièrement lorsqu'il vise les journalistes. Il réside encore dans la caractérisation de la diffusion de la fausse information : l'intentionnalité de désinformer. Beaucoup d'accusations de *fake news* envers les médias reposent, le plus souvent, sur des approximations, voire, dans certains cas, des erreurs. Or, une règle fondamentale en journalisme reste la correction des erreurs factuelles, avec l'obligation déontologique d'en informer son public.

Ainsi, en août 2018, RT France, branche francophone du média russe Russia Today, accuse France 2 d'avoir diffusé une *fake news* sur le président Vladimir Poutine[21]. Un reportage prétendait montrer les vacances du chef d'État, au cours desquelles il aurait pratiqué la « chasse au tigre en Sibérie », image à l'appui. Comme le note le média russe, à juste titre, la photo diffusée date de 2008 et a été prise lors d'un programme national de préservation du tigre de Sibérie soutenu par Vladimir Poutine. Donc, rien à voir avec une partie de chasse. Si les journalistes de France 2 auteurs du sujet avaient vraiment voulu diffuser une *fake news*, l'histoire en serait restée là. Or, dès le lendemain, le présentateur du journal de 20 heures, Julian Bugier, confirme qu'une photo a été dévoilée comme montrant, à tort, une chasse au tigre et a présenté ses excuses aux téléspectateurs. L'erreur est aussi corrigée sur les réseaux sociaux du groupe pour en informer ses abonnés[22].

Là est une différence fondamentale entre un journaliste et un diffuseur de fausses informations : le premier a le devoir, voire l'obligation selon les chartes de déontologie internes de son média, de se corriger et d'en informer le public ; ce que ne fera jamais un désinformateur sur ses réseaux sociaux, qui continuera à surfer sur une publication virale, qu'elle soit vraie ou fausse, tout simplement car il n'a de compte à rendre à personne, hiérarchiquement et déontologiquement.

S'il n'existe pas d'étude précise sur la question, on peut constater que plusieurs médias en France ont réalisé ces dernières années l'importance de corriger une information erronée, et surtout d'en informer explicitement le public en lui expliquant comment une telle erreur a pu se produire, voire en détaillant les contraintes du travail journalistique.

Ainsi, le 11 octobre 2019, *Le Parisien* annonce en exclusivité l'arrestation à Glasgow, en Écosse, de Xavier Dupont de Ligonnès, recherché depuis 2011 pour un quintuple assassinat familial commis à Nantes, en France. L'information est confirmée par l'Agence France Presse et reprise par de nombreux médias. Pourtant, dès le lendemain, elle est démentie après un nouveau test ADN confirmant que l'homme interpellé, Guy Joao, n'a rien à voir avec le meurtrier présumé. *Le Parisien* fait son mea culpa, mais va aussi plus loin en expliquant le fil des événements qui ont amené la rédaction à publier cette information :

> *Dans un souci de transparence et après la parution de l'information erronée sur l'interpellation de Xavier Dupont de Ligonnès, nous revenons sur le film des dernières heures et détaillons la façon dont notre rédaction a travaillé. [...] Nous, journalistes du Parisien, sommes informés aux alentours de 20 heures par plusieurs sources, cinq au total, de niveaux hiérarchiques différents dont certaines au cœur de l'enquête qui confirment toutes le scénario du signalement anglais, de l'interpellation à l'aéroport de Glasgow et de la validation de l'identité de Xavier Dupont de Ligonnès [...]*[23].

Le journal n'essaie pas de justifier son erreur, qui est réelle, mais il profite plutôt de cette opportunité pour expliquer aux lecteurs l'origine de l'information erronée et le fonctionnement d'un média de cette envergure. La décision de publier l'article reposait sur des sources qui avaient été jugées généralement prudentes et fiables au cours de l'enquête depuis huit ans. Un journaliste reste un être humain, et expliquer ses erreurs, avec humilité et respect pour son lecteur, est ce qui le différencie des diffuseurs de fausses informations.

Tout cela reste, malheureusement trop souvent, à l'état de théorie. Les corrections des erreurs journalistiques dans la presse française sont encore rares, et souvent faites de façon trop succincte, comme pour mettre la poussière sous le tapis et passer à autre chose. Le fait de ne pas reconnaître l'erreur et de dénigrer ceux qui la pointent du doigt renforce la vision d'un journaliste omnipotent et orgueilleux, de nature à rompre la relation de confiance avec son lectorat et à créer la suspicion sur ses motivations exactes. Par respect pour mes confrères et consœurs, je ne donnerai pas d'exemple concret, mais les cas ne manquent pas.

Par ailleurs, un autre point crée la confusion autour des thématiques de vérification : le *fact-checking* est un terme galvaudé par les médias eux-mêmes. Cette dénomination, devenue à la mode, est régulièrement utilisée pour attirer le lecteur. Car estampiller un contenu de *fact-checking* est une façon de lui dire qu'il trouvera la réponse à sa question. Ce qui n'est pas toujours le cas.

En effet, de nombreux articles utilisant ce terme ne sont pas des articles de vérification : ils sont tout au plus des articles classiques, répondant à une question sur laquelle un journaliste s'est parfois saisi lui-même, et ne correspondent à aucune tentative de manipulation observée sur les réseaux sociaux – ou alors, une manipulation dont la viralité est extrêmement faible. Ainsi, on peut parler de tentation du *fact-checking washing*, qui, à l'image du *greenwashing*, reviendrait à faire passer des contenus de l'ordre du traitement journalistique classique comme des articles de vérification, pour les rendre plus attrayants.

L'utilisation à tort et à travers de ce « label » est également dangereuse pour la bonne compréhension de ce qu'est réellement le *fact-checking*. Elle est de nature à détourner le lecteur des contenus qualitatifs et à noyer le terme « *fact-checking* » en l'éloignant de sa caractéristique principale : une méthode rigoureuse de déconstruction des contenus manipulatoires avérés.

Mésinformation, désinformation, mal-information

Pour sortir de ces problématiques liées au terme « *fake news* », des approches anglo-saxonnes, encore peu adoptées dans les sphères francophones, tentent de définir plusieurs échelles de la désinformation afin de mieux la qualifier.

En 2017, Claire Wardle, cofondatrice de First Draft News, une coalition de plusieurs organisations non lucratives travaillant sur la thématique de la désinformation, explique dans une interview à la BBC qu'elle n'utilise plus le terme « *fake news* », qu'elle juge inadéquat pour définir les problématiques auxquelles les professionnels de la vérification font face. Elle préfère le terme de « pollution informationnelle » et, selon elle, il existe trois types de situations créant du « désordre informationnel » :

- **La mésinformation**, qui désigne une situation où une fausse information est diffusée en ligne par des personnes qui n'ont pas l'intention de nuire à autrui. Typiquement, il s'agit de situations où une personne ne sait pas qu'elle a partagé une fausse information, qu'elle a relayée de bonne foi, pensant alerter ses abonnés sur les réseaux sociaux sur un fait qu'elle jugeait important ;
- **La désinformation**, qui désigne une situation où une fausse information est créée et partagée par des personnes à des fins malveillantes. C'est le schéma le plus classique où il existe une intention de tromper : la personne qui partage un contenu sait qu'il est faux, mais le relayer va lui permettre de poursuivre un objectif, qu'il soit idéologique, politique, financier... ;
- **La malinformation**, qui désigne une situation où une information authentique est partagée mais dans l'objectif de causer du tort. Par exemple, en exagérant un élément d'une information factuelle vérifiée d'une manière qui induit en erreur[24].

À ce jour, il n'existe pas d'étude établissant le pourcentage de mésinformation, de désinformation ou de malinformation dans la sphère informationnelle. Toutefois, dans la grande majorité des cas, les utilisateurs des réseaux sociaux partageant des fausses informations s'inscrivent dans un cadre de mésinformation, c'est-à-dire qu'ils ne sont pas à l'origine d'une tentative de manipulation et participent, souvent sans le savoir, à la relayer parce que cette information leur paraît crédible.

La malinformation est aussi une forme moins répandue, mais qui, dans le jargon des spécialistes de la vérification, est désignée par le terme d'une information « hors contexte » ou « manquant de contexte ». Cette typologie souligne un élément important : dans certains cas, une fausse information n'est pas totalement fausse à 100 %. Elle peut impliquer une nuance, une mise en contexte et des précisions, afin de distinguer quelle partie est factuellement exacte, et quelle autre est une tentative de manipulation.

Si ces distinguos n'ont pas vocation à trancher totalement les litiges autour du terme « *fake news* », ils montrent qu'il est nécessaire de s'interroger face au type de désinformation auquel nous faisons face.

En résumé

- ✓ Le terme « *fake news* » est très galvaudé, fortement connoté et utilisé à tort et à travers, en particulier par ceux qui cherchent à dénigrer un autre camp.
- ✓ Lorsque vous lisez le terme « *fake news* » pour accuser des journalistes ou un camp en particulier, intéressez-vous aux contre-arguments derrière ces accusations.
- ✓ Une grande partie des *fake news* est en réalité de la mésinformation, des contenus partagés de bonne foi par des personnes n'ayant pas conscience d'un contenu faux.
- ✓ À titre personnel, j'utilise le moins possible le terme « *fake news* », et préfère le terme « intox » ou « fausse information » : à vous de vous faire votre avis !

Chapitre 2

À quoi ça sert de vérifier ?

C'est la question fondamentale que se posent les chercheurs, les journalistes et de nombreux citoyens engagés dans la vérification de l'information. Elle renvoie parfois à l'idée de vider l'océan à la petite cuillère face aux flots quotidiens de désinformation.

D'un point de vue journalistique, il s'agit d'une nécessité, confirmée par tous les sondages depuis six ans : en 2018, une des attentes prioritaires des Français vis-à-vis des journalistes et des médias était qu'ils vérifient les fausses informations, les rumeurs, la désinformation[25] ; dans un sondage similaire réalisé en 2023, 63 % des Français assurent qu'une information mieux vérifiée pourrait les inciter à davantage s'informer, et 60 % attendent des journalistes qu'ils vérifient les informations manipulatoires[26].

Oui mais voilà, vous allez me dire : « Moi, je ne suis pas journaliste, ou en tout cas, probablement pas un professionnel de l'information. Alors, en quoi suis-je concerné et à quoi bon vérifier les contenus qui circulent sur Internet ? » La question pourrait presque s'envisager comme un débat philosophique. Depuis que j'ai rejoint Les Observateurs de France 24, et encore plus depuis 2017 où j'ai contribué aux éditions de l'émission « Info ou Intox », la question de l'impact au-delà de notre simple profession a été une question clé. En tant que journaliste, expliquer ne suffit plus : il faut aller plus loin, transmettre son expérience, ses astuces, et ce, en toute transparence avec le public.

Car la vérification des faits sur Internet n'est pas seulement l'apanage des journalistes : aujourd'hui, la multiplication des cas de désinformation et la probabilité d'y être exposé sont un fait de nos sociétés modernes ultra-connectées. Or, il n'y aura jamais assez de journalistes pour tout analyser ou pour toucher tous les publics. L'apport individuel et citoyen est essentiel et nécessaire.

Pour répondre à la question « À quoi ça me sert de vérifier ? », nous allons étudier plusieurs aspects : ce que cela apporte de positif au niveau individuel, dans quelle mesure votre action individuelle est utile pour les autres, qu'il s'agisse de vos proches ou d'inconnus, et également pourquoi c'est important du point de vue des conséquences directes ou indirectes.

Développer une bonne hygiène numérique et informationnelle pour soi-même

Comme on va se laver les mains pour éviter la propagation des virus et des bactéries, dans le milieu de l'information numérique, avoir une approche prudente permet d'éviter l'intoxication aux fausses informations. De manière générale, l'attitude d'un vérificateur se rapproche du doute cartésien : en matière de vérification, il faut toujours considérer qu'on ne possède aucun savoir véritable, et que c'est grâce à une attitude méthodique qu'on peut trouver une réponse factuellement indubitable.

Combien de fois avez-vous entendu autour de vous des personnes déclarer « Je sais que cette information est fausse », mais ne pas pouvoir le prouver avec des éléments concrets ? C'est tout l'art de la vérification : ne pas seulement se baser sur un ressenti – qui est déjà une très bonne base en soi car l'intuition d'être face à une fausse information est une première étape – mais aller plus loin en trouvant les preuves qui en attestent.

Voici quelques éléments à garder en tête, d'un point de vue individuel, pour développer un comportement numérique et informationnel sain.

- **Combattre ses préjugés et les algorithmes**

Le travail le plus difficile à mener dans le cadre de toute vérification consiste probablement à faire abstraction au maximum de ce que l'on pense et de ses opinions, qui peuvent influencer une approche dans la recherche des faits. En psychologie, on parle ainsi de biais cognitifs : il s'agit de schémas de pensée trompeurs et faussement logiques, qui amènent à des conclusions trop rapides et parfois erronées.

Le plus connu, dans le domaine de la vérification, est le biais de confirmation qui consiste à accorder notre confiance et à retenir les informations qui valident ce que l'on pensait déjà. Ce biais est renforcé par le fonctionnement des algorithmes sur les nombreuses plateformes des réseaux sociaux qui enferment un individu dans une bulle informationnelle. Cette bulle lui présente des contenus avec lesquels il est familier, à partir des recherches qu'il a déjà effectuées ou des publications avec lesquelles il a interagi.

Avoir conscience de cette situation est un premier pas important au niveau personnel pour une approche plus factuelle. Mais attention : les biais ne sont pas forcément négatifs, car ils sont la base d'une attitude de méfiance nécessaire pour enclencher le processus de vérification.

- **La source, toujours la source**

C'est un mot qu'on répète dans les écoles de journalisme, et de plus en plus au grand public : la source d'une information, particulièrement dans le domaine de la vérification, est essentielle. Sans la source, toute affirmation n'est que de l'ordre de l'allégation, ou pourra être perçue comme de l'opinion non appuyée par des éléments tangibles.

Prenez l'habitude, à la fois pour vous mais aussi pour les autres de poser les fondations d'une vérification sur des éléments concrets. Cela sera souvent un lien vers un article, de préférence un contenu venant d'un site que vous connaissez et dont la fiabilité n'est pas à remettre en question. Cela pourra être aussi une image ou une vidéo qui atteste ce que vous dites, pour contredire une version circulant sur les réseaux sociaux.

Bref, face à des allégations textuelles non étayées, opposer un élément concret aura toujours plus de force.

- **Multiplier ses sources d'information et d'échange**

Une source, c'est bien, mais comme on le dit souvent en journalisme, c'est rarement suffisant : s'appuyer sur plusieurs sources concordantes, venant par exemple de médias différents, est toujours une bonne approche.

De manière générale, valoriser une pluralité de sources d'information est souvent une attitude permettant de vérifier ce qu'expliquent les uns et les autres sur un sujet. Veillez à ne surtout pas vous enfermer dans la consultation d'un seul média, même si celui-ci semble correspondre à votre façon de percevoir une situation.

Le psychologue américain Mark Leary, qui s'est intéressé à la question de « l'humilité intellectuelle » explique qu'être

> *plus attentif à l'exactitude de ses opinions et plus ouvert aux nouvelles informations et aux points de vue alternatifs devrait augmenter la probabilité que les croyances des gens soient fondées sur des preuves plus solides, plus équilibrées et plus nuancées*[27].

Ainsi, s'entourer de personnes ayant des avis contraires aux siens est une attitude favorisant une meilleure recherche des faits.

- **Lire un contenu jusqu'au bout et s'intéresser à ce que disent les autres**

Un conseil assez simple pour lutter facilement contre les fausses informations : ne jamais se fier au titre et à l'image d'un article, et donc ne pas se contenter de survoler une information sans la lire.

Ce conseil n'est pas toujours facile à appliquer, tant la perception d'un temps limité pour consommer le maximum d'informations est prégnante sur les réseaux sociaux. Justement : ralentissez, prenez le temps de bien comprendre ce que vous avez vu, ou pensez avoir vu. Un titre ou une image ne sont qu'une toute petite partie d'une information qui présente souvent un contexte plus large. Ils sont par définition pensés pour attirer votre attention, vous donner envie de consulter le contenu, et peuvent parfois être trompeurs pris individuellement.

De la même façon, une règle que vous pouvez systématiquement appliquer consiste à lire les commentaires sous une publication dès que celle-ci vous interpelle. D'autres utilisateurs des réseaux sociaux, comme vous, se posent des questions et, parfois, trouvent des réponses (ou pensent les avoir trouvées !). S'il faut toujours rester prudent, un commentaire peut vous indiquer la bonne piste et contredire une affirmation mensongère.

Aider les autres

Au-delà d'un apport personnel pour une bonne hygiène numérique, et si, finalement, faire de la vérification en ligne n'était pas une action altruiste ? Qui n'a pas autour de lui une personne qui a déjà partagé un article douteux, une image dont l'origine n'est pas certaine ou une vidéo dont le contexte mérite un éclaircissement ?

Vérifier un contenu est, d'une certaine manière, une façon d'interagir avec autrui, directement ou indirectement. Non pas pour étaler sa science ou se moquer de son ignorance, surtout pas ! Davantage pour apporter des preuves factuelles et recentrer le débat autour d'éléments concrets, plutôt qu'autour d'opinions ou d'idées reçues. C'est aussi s'intéresser à la mécanique qui pousse à croire aux fausses informations et aux raisons qui font que celles-ci fonctionnent.

- **Comment pensons-nous individuellement et collectivement ?**

Une étude complète, publiée par Radio-Canada en 2019[28], s'intéresse aux nombreux éléments inconscients qui guident souvent les individus à leur insu. Les dix points étayés font référence à des raisons individuelles et collectives.

L'une des raisons majeures est la préservation de son identité. Difficile d'admettre que l'on se trompe lorsqu'on est face à des preuves, et tenter de convaincre à tout prix peut d'ailleurs avoir l'effet inverse et renforcer un individu dans ses convictions. Selon des chercheurs américains qui ont étudié ces comportements, la raison est liée à « une activation dans les zones du cerveau associées aux émotions négatives et à la représentation de soi[29] ».

Tout individu cherche également les biais de détection, ou biais de corrélation illusoire, c'est-à-dire identifier des liens qui apparaissent logiques entre les éléments, afin de renforcer une croyance existante. C'est typiquement le cas sur la thématique de la recherche d'éléments prouvant l'existence d'un « nouvel ordre mondial », tentative supposée d'instaurer un gouvernement mondial au profit d'une élite politique et entrepreneuriale. Des photos de plusieurs personnalités publiques, comme Bill Gates ou Emmanuel Macron, prétendaient ainsi montrer une « broche » reconnaissable attestant de leur appartenance à cette organisation (voir l'image page suivante). Il ne s'agissait en réalité que de pin's représentant les dix-sept objectifs de développement durable, définis par l'Organisation des Nations unies pour lutter contre la pauvreté, le réchauffement climatique ou encore favoriser l'égalité des sexes.

Photomontage prétendant montrer
un badge caractéristique du nouvel ordre mondial
sur plusieurs personnalités publiques[30].

Le chercheur en psychologie Robert Brotherton explique quant à lui que « notre cerveau est habitué à détecter des tendances, à trouver des significations, à connecter des événements qui ne sont pas liés en apparence, et c'est une des choses qu'il fait le mieux[31] ». C'est le biais de conjonction, qui pousse à voir des liens là où il n'y a que des coïncidences, ou à associer deux événements distincts car ils sont rapprochés dans le temps. Ce trouble, appelé apophénie en psychiatrie, naît de la recherche d'un sens caché à toute chose.

Les raisons ne sont pour autant pas toujours individuelles : l'idée d'appartenir à un groupe, communautaire, religieux ou idéologique, est aussi une des raisons qui incite à relayer la désinformation. « On va partager ces fausses nouvelles-là avec des gens qui sont déjà convaincus. [...] On les partage plutôt pour marquer notre allégeance à un groupe[32] », explique Hugo Mercier, chercheur en sciences cognitives à l'Institut Jean-Nicod à Paris.

De même, un individu isolé, n'appartenant à aucun groupe particulier, sera plus vulnérable aux fausses informations, et ce, pour deux raisons : sa perception des menaces est décuplée, et cela peut le rapprocher, même indirectement, d'un groupe de croyance[33].

Ces antagonismes se construisent aussi en opposition au groupe rival. La logique d'un étranger « qui nous veut du mal » permet de renforcer ses croyances, raison pour laquelle de nombreuses fausses informations visent notamment les migrants. Dans une autre thématique, certains utilisent le terme « wokisme[b] » pour désigner toute pensée jugée trop tolérante.

Connaître ces notions de psychologie permet de mieux comprendre le fonctionnement du cerveau humain : une attitude rationnelle visant à se protéger ou à appartenir à un groupe pour construire son identité. Prendre conscience de ces mécanismes, c'est apprendre à mieux se connaître et à lutter contre ses propres préjugés, mais c'est aussi comprendre les raisons qui poussent les autres à croire en la désinformation.

- **Voué à l'échec ou utile pour autrui ?**

Les conclusions de la plupart des études s'intéressant au sujet sont implacables : la désinformation sur un sujet circule indéniablement plus vite que les contenus corrigeant cette désinformation.

En 2018, dans une étude publiée dans la revue *Science*, trois chercheurs ont analysé 126 000 rumeurs diffusées entre 2006 et 2017 sur Twitter (désormais X) par 3 millions de personnes et partagées plus de 4,5 millions de fois. Ils se sont basés sur le travail de six médias indépendants de *fact-checking* américains. Leur verdict ? « Une information vraie met six fois plus de temps à parvenir à 1 500 personnes sur Twitter que si elle était fausse[34]. » Comme toute étude, celle-ci est à nuancer et s'inscrit dans le cadre d'un échantillon précis

b Le « wokisme » est initialement un courant de pensée américain signifiant être « éveillé », en particulier concernant les problèmes de justice sociale et de racisme.

et spécifiquement américain, mais les raisons avancées semblent logiques. « Les fausses nouvelles sont plus originales que les vraies infos, ce qui suggère que les gens sont plus enclins à partager des informations originales », expliquaient les chercheurs il y a déjà six ans. Rien n'a véritablement changé aujourd'hui.

Cela veut-il dire pour autant que vérifier et transmettre l'information ne sert à rien ? En 2021, l'Académie nationale des sciences aux États-Unis a tenté de répondre à cette question. Cette fois, l'étude a été empirique, exposant un public à de fausses informations dans quatre pays différents (Argentine, Nigeria, Afrique du Sud et Royaume-Uni). Puis, certains individus de ces échantillons se sont ensuite vus soumettre un article de *fact-checking* sur des sujets identiques[35]. Les résultats sont résumés dans un article du *Figaro* comme suit :

> *L'étude américaine montre que le « fact-checking » a une efficacité modeste. Sur une échelle de 0 à 5 points mesurant l'adhésion des participants aux propositions des différents articles, le groupe « fact-checking » voit sa croyance en la fausse information préalablement présentée diminuer d'au moins 0,59 point en moyenne. Ce qui est plus inattendu, c'est que l'exposition à la désinformation n'a augmenté les fausses croyances que de 0,07 point tout au plus*[36].

Les contenus de *fact-checking* auraient donc un impact relativement modeste. Cependant, l'étude précise un autre aspect :

> *Le partage d'articles de « fact-checking » dans l'espace commentaire des posts concernant des contenus de désinformation marche bien pour l'émetteur de la « fake news » mais aussi pour « l'audience passive » qui ne participe donc pas à la conversation, mais est susceptible de la lire*[37].

Que faut-il comprendre ici ? Les interactions individuelles, et donc le simple fait de poster un commentaire vers un contenu corrigeant une fausse information, sont soumises à une sorte de rappel, et d'alerte, qui renvoie à la notion de prudence sur les réseaux sociaux.

Vérifier, ce n'est pas s'adresser à un public déjà convaincu d'un sujet, pas plus qu'à ceux qui croient déjà dans l'intérêt du *fact-checking*. Vérifier, et transmettre ce qu'on a trouvé, c'est s'adresser à ceux qui sont dans le doute, à une « majorité silencieuse[38] » qui va probablement lire les échanges, mais qui n'intervient pas et qui cherche pour autant des réponses à ses questions.

- **Comprendre pour transmettre efficacement**

La démarche d'un vérificateur n'est pas celle d'un justicier : rien de pire pour une personne victime de désinformation que de voir quelqu'un la renvoyer à ses erreurs, aussi factuelles soient-elles. Encore pire s'il s'agit d'une croyance bien ancrée.

Plusieurs méta-analyses ont régulièrement montré que l'impact d'une vérification sur des perceptions déjà bien ancrées était assez modeste[39]. Il est beaucoup plus facile de faire changer d'avis quelqu'un sur une thématique anecdotique, ou sur une désinformation autour d'un sujet secondaire, que sur des sujets liés à la politique ou à la santé.

Une personne basant ses raisonnements sur des contenus manipulatoires, ou ayant une logique complotiste, n'est pas systématiquement une personne de mauvaise foi : à l'origine, c'est le doute envers des situations jugées suspicieuses qui va pousser cette personne à chercher des explications alternatives jugées crédibles. En soi, cette démarche n'est pas absurde et pourrait même s'inscrire dans une logique proche de celle d'un vérificateur. Le problème est lorsque cette démarche, poussée au paroxysme, s'appuie sur des contenus factuellement incorrects, au service d'une croyance ou d'une idéologie.

Dans ce domaine, l'empathie et l'écoute envers une personne relayant des fausses informations sont une priorité : porter un jugement moqueur est la meilleure façon d'enfermer un proche ou une connaissance dans sa logique. Écouter les points de vue, et montrer, méthodiquement, pourquoi ils sont basés sur des contenus manipulatoires, sans tentative de culpabilisation, est souvent la meilleure approche.

La fondation Descartes, qui a réalisé en 2020 une synthèse de l'état des connaissances pour « Corriger efficacement une mésinformation[40] », retient cinq points principaux :

1. Remplacer la désinformation par une information qui a la même fonction explicative tout en la répétant sans mentionner l'information erronée qu'elle remplace ;
2. Avertir de l'apparition potentielle d'une mésinformation en présentant l'information correcte avant toute exposition à la fausse information ;
3. Utiliser des arguments plus courts et plus simples que ceux utilisés pour mésinformer, et veiller à ce que cette explication s'insère dans un modèle mental logique : la correction doit pouvoir être cohérente avec la narration qui a été faite autour d'une fausse information ;
4. Inciter les individus à davantage de recul critique : typiquement, expliquer les ressorts psychologiques utilisés par les auteurs des manipulations ;
5. Faire en sorte que l'information correcte n'aille pas à l'encontre des valeurs de la personne influencée par la fausse information.

S'ils semblent logiques sur le papier, ces cinq points sont souvent difficiles à atteindre : il est fréquemment acquis qu'une désinformation répétée maintes fois aura toujours un avantage face à une correction qui arrivera a posteriori. Dans d'autres cas, une vérification implique des explications complexes qui seront difficiles à intégrer dans un modèle mental simplifiant une situation à l'extrême.

Les auteurs de l'étude concluent cependant : « Une meilleure connaissance du fonctionnement de l'esprit peut constituer un rempart efficace face à ceux qui utilisent consciemment ces biais cognitifs pour nous manipuler[41]. » Ainsi, s'intéresser aux ressorts psychologiques, et aux raisons profondes qui poussent à croire, est une façon de prendre soin de soi, mais aussi des autres.

Éviter les conséquences

Il est parfois difficile d'évaluer les raisons exactes qui poussent les utilisateurs des réseaux sociaux à partager un contenu manipulatoire : elles peuvent être multiples, idéologiques, financières parfois en capitalisant sur une thématique attrayante pour maximiser son nombre de partages et d'interactions, ou simplement pour provoquer dans un but de troller[c].

Même s'il n'existe pas d'étude sur la question, d'expérience, la très grande majorité des personnes qui relaient un contenu faux ne savent pas qu'elles ont elles-mêmes été victimes de désinformation. Ainsi, elles relaient une fausse information par méconnaissance du sujet, ou parce qu'elles n'ont pas pris le temps de faire quelques recherches pour la vérifier.

Comme l'expliquait *Le Monde* en lançant son outil le Decodex en 2017, depuis à l'arrêt :

> *On peut donc considérer que nous sommes en partie responsables des informations que nous propageons. D'où l'importance d'apprendre à ne pas se faire piéger, pour éviter de piéger nos contacts à notre tour*[42].

Majoritairement, et heureusement, relayer une fausse information à l'échelle individuelle a rarement des conséquences immédiates. Cependant, quand une intox est répandue massivement, elle peut subitement avoir l'apparence du vrai, et engendrer des conséquences dans la vraie vie.

- **Il n'y a pas de petite désinformation**

Relayer un contenu qui paraît au premier coup d'œil anodin, voire anecdotique, peut en réalité avoir des conséquences

---

c « Troller » signifie polluer les discussions sur les réseaux sociaux avec des messages provocateurs.

qui brouillent le débat public. L'élection présidentielle de 2017 en France en est une illustration particulièrement intéressante : alors candidat qualifié pour le second tour, Emmanuel Macron se rend à l'usine Whirlpool d'Amiens pour y rencontrer des salariés. Il est alors interpellé par des ouvriers qui lui lancent : « Monsieur Macron, on a des mains propres. Vous nous serrez la main ? » Même si le candidat rétorque qu'il a toujours serré les mains de tout le monde, plusieurs salariés l'interrogent à ce sujet.

Personne ne semble réaliser que ces interpellations se fondent sur deux fausses informations : la première est un article parodique du site Le Gorafi intitulé « Quand je serre la main d'un pauvre, je me sens sale pour toute la journée », avec une interview fictive du candidat Macron ; l'autre est une vidéo tronquée où on voit Emmanuel Macron s'essuyer les mains avec des lingettes, prétendument après avoir serré la main d'un ouvrier. Mais la séquence vient en fait d'un documentaire de France 3[43], où le candidat vient de prendre une anguille dans les mains après avoir rencontré des pêcheurs.

Au départ, la désinformation peut paraître anodine, potache. Et pourtant, relayée plusieurs milliers de fois, beaucoup en ont perdu le caractère satirique ou le contexte initial, à tel point que les perceptions ont été modifiées.

Le candidat En Marche n'a pas été le seul visé par la désinformation : Jean-Luc Mélenchon a été accusé de porter une Rolex via un photomontage, Marine Le Pen et son père ont été incriminés de financer le parti du Front national avec l'argent de la drogue – article venant, là aussi, d'un site satirique pris au premier degré… Toute cette désinformation a pu, à court ou moyen terme, influencer une partie de l'électorat.

Et pourtant, rien de nouveau. Une histoire m'avait particulièrement marqué en 2014 : la rumeur de la mort du président rwandais Paul Kagame s'était propagée comme une traînée de poudre à Goma, chef-lieu du Nord-Kivu, en République démocratique du Congo. Des centaines de personnes étaient ainsi descendues dans les rues pour manifester leur joie, dans une zone où le Rwanda est accusé de soutenir la rébellion du Mouvement du 23 mars (M23). Mais cette rumeur, lancée sur Facebook, venait du site Necropedia qui propose des nécrologies anticipées sur des personnalités pourtant bien vivantes. Un canular, qui avait été pris au premier degré par beaucoup d'habitants de Goma et qui avait déclenché une hystérie collective.

- **La désinformation a des conséquences parfois extrêmes**

Plusieurs événements internationaux récents ont été déclenchés par des accumulations de fausses informations, débouchant sur des graves accès de violence. Les deux points culminants autour d'événements politiques ont été sans nul doute l'assaut du Capitole par les partisans de Donald Trump le 6 janvier 2021 et, deux ans plus tard, l'invasion des bâtiments du Congrès, de la Cour suprême et du palais présidentiel brésiliens par des partisans du président sortant et battu à l'élection, Jair Bolsonaro.

Derrière ces deux épisodes, des théories complotistes : dans le premier cas, l'élection américaine a été volée à cause du vote par correspondance ; dans le second, les machines à voter électroniques ont été responsables de la défaite du président brésilien. Les deux élections ont donné lieu à des slogans tel que « *Stop the Steal* » (« Arrêtez le vol [de l'élection] ») aux États-Unis, ou « *We Want the Source Code* » (« Nous voulons le code source ») au Brésil, faisant référence aux machines à voter. Selon Tristan Mendès France, spécialiste des cultures numériques et de l'extrémisme en ligne, la rhétorique est la même dans les deux cas : « Cette idée d'arrêter les traîtres avec ce rêve d'un grand soir, avec le soutien des militaires[44]. »

Lorsqu'elles ne sont pas aussi spectaculaires, il est parfois difficile d'évaluer les conséquences exactes de la désinformation : la pandémie de Covid-19 a été un épisode particulièrement intense quant aux allégations manipulatoires, allant jusqu'à estimer qu'elle avait été créée de toutes pièces pour effrayer la population mondiale et contrôler les esprits. Il existe peu d'études concrètes sur les ravages de la désinformation liée à cette période. Une des rares disponibles est celle du comité d'experts du Conseil des académies canadiennes, qui a tenté de chiffrer les conséquences des fausses informations autour du Covid-19 au Canada. Le rapport indique notamment :

> *Si les personnes qui ont déclaré croire que la COVID-19 était un canular avaient été vaccinées [...], plus de 2,3 millions de personnes supplémentaires auraient été vaccinées au Canada, ce qui aurait entraîné une diminution d'environ 198 000 cas, 13 000 hospitalisations et 2 800 décès dus à cette maladie entre le 1er mars et le 30 novembre 2021*[45].

Comme toute étude, ces résultats sont à prendre avec précaution, mais ils indiquent une tendance observée sur seulement neuf mois d'une pandémie qui aura duré trois ans.

Les liens entre désinformation et santé sont un enjeu crucial. Aux États-Unis, le Dr Robert Califf, commissaire de la *Food and Drug Administration*, a déclaré en avril 2023 que l'espérance de vie dans son pays était inférieure de trois à cinq ans à la moyenne des autres pays à revenu élevé. Cet écart venant, selon lui, en partie de la désinformation :

> *Pourquoi n'utilisons-nous pas les produits médicaux de manière aussi efficace et efficiente que nos pairs ? Cela dépend en grande partie des choix que les gens font en raison des éléments qui ont influencé leur réflexion*[46].

Au Canada, certains experts estiment quant à eux que la désinformation aurait également augmenté l'anxiété et accentué les facteurs de stress post-traumatique[47].

Enfin, et ce sont les cas les plus extrêmes, et malheureusement, pas si rares que ça : poussée à son paroxysme, la haine communautaire, ethnique ou religieuse alimentée par la désinformation amène à la violence physique ou à la mort. Ainsi, en 2019, de fausses images accusant la communauté

Fulani d'avoir tué des chrétiens Berom au Nigeria ont entraîné le décès d'au moins dix personnes. Les fausses informations avaient été diffusées principalement par un Nigérian vivant au Royaume-Uni[48]. En août 2022, un message WhatsApp affirmant que cinq cents personnes déguisées en mendiants tuaient des gens pour leur prélever des organes a conduit au lynchage de deux personnes innocentes dans l'État du Madhya Pradesh, en Inde[49]. En Birmanie, des campagnes de dénigrement, venant en particulier des Ma Ba Tha, un groupe de moines bouddhistes radicaux, ont visé la minorité musulmane des Rohingyas les accusant de mettre le feu à leurs propres maisons pour tenter de générer la sympathie de l'opinion publique, poussant à l'exil des milliers de familles[50].

Birmanie, Inde, Nigeria… ces exemples peuvent paraître éloignés de nous et nous laisser indifférents, mais ils témoignent du potentiel néfaste des fausses informations utilisées à des fins de manipulation des masses. Loin de moi l'idée de vous faire peur ou d'être exhaustif : là n'est pas l'objet de ce livre. Mais rappelez-vous que votre action individuelle peut être le début d'une alerte positive pouvant, en partie, stopper une désinformation aux conséquences insoupçonnées.

Résister à la tentation de trop vérifier

Vérifier à tout prix peut également avoir des effets pervers. Le premier écueil se résume par la loi de Brandolini, programmateur italien qui l'a définie en 2013 en écoutant des interviews de Silvio Berlusconi, ex-président du Conseil italien, qui multipliait les fausses informations face à un journaliste sans être corrigé. Selon cette loi, aussi appelée « l'asymétrie des conneries[51] », la quantité d'énergie nécessaire pour réfuter les fausses informations est bien plus importante que celle nécessaire pour les produire.

Analyser une fausse information, trouver une source, en être sûr, et communiquer sur celle-ci… tout cela prend énormément de temps ! Veillez donc, pour votre propre santé mentale, à ne pas vouloir tout vérifier : même dans le cadre de mon activité de journaliste professionnel, ce n'est pas possible, et nous sommes amenés à privilégier les désinformations que nous jugeons les plus néfastes, celles ayant le plus d'impact, à corriger en priorité. Il arrive immanquablement que des sujets soient abandonnés, faute d'éléments suffisants (voir « Grille de lecture du *fact-checker* », chapitre 3).

Le deuxième écueil important à éviter est la question de la vérification d'une fausse information très peu partagée. C'est une question que l'on se pose souvent dans les rédactions de *fact-checking* : en parlant de cette intox, va-t-on davantage la populariser, lui donner de la visibilité ? Vérifier tous azimuts peut avoir l'effet pervers de rendre visibles des contenus qui n'ont pas d'intérêt à être vérifiés. Les critères sont parfois arbitraires, mais, parmi eux, évidemment, la viralité d'une publication et l'immédiateté de l'impact négatif appellent à réagir.

Enfin, un dernier écueil est de vouloir vérifier trop vite, et donc de se tromper. Non seulement cela participe à la diffusion de la fausse information, mais l'inexactitude donne des armes aux désinformateurs qui peuvent ainsi se victimiser et renforcer leurs discours. Vérifier un contenu implique souvent de la prudence, de la nuance, et donc du temps.

En résumé

- ✓ Vérifier les fausses informations a un objectif double : à la fois personnel, pour s'imposer des règles quant à sa consommation d'information et acquérir de bons réflexes, et collectif, afin d'éviter d'être soi-même un vecteur de désinformation.
- ✓ Réfléchir aux ressorts psychologiques utilisés par les désinformateurs est une bonne façon de repérer de potentielles tentatives de manipulation et de comprendre les comportements humains.
- ✓ Adopter une attitude rigoureuse et sceptique vis-à-vis de contenus douteux est une bonne démarche, mais tout n'est pas toujours faux sur Internet : il ne faut pas voir de l'intox partout !

Chapitre 3

Vérifier, le b.a.-ba

« Comment repérer que je suis, ou ai été, victime d'une fausse information ? » C'est une question importante à laquelle vous attendez probablement une réponse ici. Et vous n'êtes pas la seule personne à vous la poser. En 2019, un sondage publié dans plusieurs médias montre que 30 % des Français reconnaissent avoir déjà relayé une fausse information sur les réseaux sociaux, et ceux qui s'informent sur les réseaux sociaux sont près de 45 % à l'avoir déjà fait[52]. En 2023, un nouveau sondage révèle qu'un Français sur deux (49 %) estime être confronté plusieurs fois par semaine aux fausses informations sur les réseaux sociaux[53]. Toutefois, ce qui ne peut être évalué dans ces enquêtes, c'est que la majeure partie des interrogés ne savent souvent pas qu'ils partagent une fausse information ou qu'ils en ont été la cible.

Repérer, et donc se protéger, d'une fausse information revient finalement à adopter une attitude quasi journalistique. En respectant quelques réflexes de base, en particulier autour de trois questions majeures, il est généralement assez facile de repérer une tentative de manipulation. Car les fausses informations ont un visage, une certaine typologie, et peuvent se caractériser. En étant attentif à certains aspects, à la fois dans la forme et dans le fond, il n'est en fin de compte pas si difficile de les détecter. Et parfois, ce sont même des mots-clés qui peuvent vous alerter.

Dans ce chapitre, vous comprendrez que s'intéresser au contenu en lui-même ne suffit pas : élargir ses recherches au-delà, et notamment en analysant le profil d'un individu qui diffuse une publication mensongère, est souvent nécessaire pour saisir le mécanisme de la désinformation. Dans cette démarche, vous n'êtes pas seul ! Pour vous aider dans vos prises de décision, les méthodes de journalistes professionnels de la vérification peuvent vous guider utilement, notamment une particulière que nous détaillerons et qu'il ne faut pas hésiter à suivre.

S'intéresser aux réseaux sociaux pour alerter sur de potentielles manipulations est déjà un premier réflexe, mais, comme dans tout système mis en place par les principales plateformes, en connaître les limites est primordial pour ne pas être soi-même trompé.

Trois questions de base à se poser

Dans les écoles de journalisme, dès les premiers jours est enseignée une règle immuable : la règle des 5W (*What/Why/Where/When/Who*, en anglais). La méthode consiste à évaluer les points principaux d'une information, en se posant les questions « Quoi ? Pourquoi ? Où ? Quand ? Qui ? », et parfois même « Comment ? ». C'est autour de ces mots-clés que sont construites les introductions d'articles qui donnent l'essentiel de l'information.

Vous n'êtes (probablement) pas journaliste, mais, dans une certaine mesure, faire ce travail en répondant à trois questions principales est une base pour repérer de potentielles fausses informations. Ces trois questions majeures ont notamment été définies par le Stanford History Education Group, un groupe de chercheurs américains qui a élaboré ces conseils à destination des publics enseignants en analysant le travail de journalistes spécialistes de la vérification[54].

- **Qui est derrière l'information ?**

Avant de regarder un contenu en lui-même, ou son écosystème, un bon réflexe est de s'intéresser à son auteur : est-ce une personnalité publique ou un illustre inconnu ? Est-ce un expert sur le sujet sur lequel il s'exprime ? Cette personne a-t-elle un intérêt quelconque à partager l'information que vous venez de lire ? Comprendre les intérêts d'un compte relayant une information est la première clé pour identifier une potentielle manipulation.

Généralement, sur les réseaux sociaux, il est possible de s'assurer de l'identité de l'auteur d'un post en observant si celui-ci a un badge « Certifié », se caractérisant la plupart du temps par une coche de couleur à côté de son nom. Mais cette technique n'est plus si évidente, d'autant plus que certaines plateformes, en particulier X, proposent désormais à tous les utilisateurs la possibilité d'être « certifiés » moyennant l'achat d'un abonnement. Plusieurs personnalités ou médias ont notamment vu leur identité usurpée par des comptes ayant acheté une certification.

Alors, comment faire pour identifier un faux profil ? Intéressez-vous de près au nom du compte et vérifiez s'il ne s'agit pas d'une imitation : le vice peut être poussé jusqu'à changer une seule lettre du compte pour tromper, en particulier en jouant sur les lettres majuscules ou minuscules qui se ressemblent. Quelle est la différence entre un @RealDonaldTrump et @RealDonaIdTrump ? À l'œil nu, rien de particulier : et pourtant, dans le second, les deux « L » sont des « i » majuscules (I) et non des « L » minuscules (l).

Soyez attentif à sa photo de profil et à son nombre d'abonnés, supposé être important pour un média ou une personnalité célèbre. Plusieurs comptes ou sites tentent de se « protéger » en indiquant, dans leur biographie, être des « parodies » ou des « comptes de fans » pour diffuser de la désinformation. Si vous ne vérifiez pas cette biographie, et ne regardez que la publication passer sur votre fil d'actualité, il est facile d'être trompé. Quand ces éléments ne révèlent aucune anomalie, tenez compte de ses interactions antérieures : sont-elles cohérentes avec le reste de ses publications ?

Enquêter sur un compte à l'origine de la désinformation peut parfois suffire à démonter des intox, sans forcément avoir à analyser le contenu. En mai 2020, durant la pandémie de Covid-19, plusieurs citations surprenantes ont émergé sur les réseaux sociaux d'Afrique de l'Ouest, l'une d'entre elles affirmant notamment que l'épidémiologiste français Didier Raoult aurait appelé « les Africains à ne pas prendre le vaccin de Bill Gates contre le coronavirus ». Plutôt que de s'intéresser à la citation, dont il n'existait aucune trace nulle part, et qui avait été démentie par l'Institut hospitalo-universitaire de Marseille[55], je me suis intéressé aux profils qui partageaient ces informations. J'ai découvert un réseau de plusieurs pages Facebook administrées par des individus basés en République démocratique du Congo, dont certains étaient mineurs. En les contactant pour en savoir plus sur leurs intentions, ces derniers avaient confirmé inventer des citations qu'ils jugeaient plausibles et « réalisables », pour les citer. Il ne s'agissait que d'une bande d'amis qui s'était lancée dans une surenchère à celui qui ferait la publication la plus virale[56].

- **Quelle(s) preuve(s) ?**

Deuxième question fondamentale à se poser : quels éléments viennent étayer l'allégation ? Évidemment, une publication sans source, ou élément tangible, doit entraîner plus de méfiance. Si le contenu propose des liens vers des sources reconnues, des études, des photos ou des vidéos, sont-ils crédibles pour autant ? Tenter de remonter à l'origine de l'information, si celle-ci est exposée, peut être un moyen de se rendre compte d'une différence notable entre une publication sur les réseaux sociaux, qui peut être exagérée, et la réalité de l'information sur laquelle elle s'appuie. Étudiez également la forme du contenu : le titre est-il en accord avec le corps de l'article ? Quel est le ton utilisé, et semble-t-il orienté ? Le contenu expose-t-il des faits, ou est-il basé sur une opinion ?

Il est parfois difficile de se faire une idée précise sur un site d'origine inconnue. Pour déterminer sa fiabilité, vous pouvez utiliser l'extension NewsGuard Ratings, développée par l'entreprise américaine du même nom, dont le fonctionnement est le suivant :

> *En fonction de neuf critères, chaque site reçoit une évaluation globale Verte (généralement fiable), ou Rouge (généralement peu fiable), un score de fiabilité entre 0 et 100 points, et une « Étiquette nutritionnelle » détaillée qui explique qui est derrière le site, quel genre de contenus il publie, et pourquoi il a reçu cette évaluation – avec des exemples précis de chaque problème de fiabilité repéré par notre équipe*[57].

Le projet revendique l'analyse de plus de « 7 500 sites [...] dont les contenus représentent 95 % de l'engagement avec l'actualité en ligne aux États-Unis, au Royaume-Uni, au Canada, en France, en Allemagne et en Italie[58] ». Toutefois, comme il n'agrège que des sites internet, il ne vous informera pas sur les comptes des réseaux sociaux.

Rappelons ici que si les réseaux sociaux sont une chance pour le partage de l'information citoyenne, ils ne peuvent pas constituer à eux seuls une source considérée comme fiable, en particulier si celle-ci est d'origine inconnue, ou si elle n'a pas été corroborée par d'autres sources indépendantes.

Dernier conseil, qui peut sembler évident : pensez à vérifier systématiquement si l'auteur d'un article existe bien, ou même la date de parution du contenu. Des erreurs sont fréquemment faites à partir d'articles anciens, partagés récemment, et donc présentés comme d'actualité.

- **Quelles autres sources ?**

Une information seule ne peut pas être considérée comme une source suffisante. C'est une règle pour tout journaliste, qui doit devenir la vôtre : vérifier d'autres sources sur le même sujet. Avoir au moins trois sources concordantes est toujours un gage de crédibilité.

Pour mettre en évidence certaines incohérences des sources, les chercheurs recommandent aussi une approche basée sur une lecture latérale, définie comme

> *une stratégie qui consiste à rechercher qui se cache derrière une source en ligne inconnue en quittant la page Web et en ouvrant un nouvel onglet de navigateur pour vérifier ce que disent des sites fiables à propos de la source inconnue*[59].

Concrètement, si vous avez un doute sur une publication, recopiez-la mot pour mot dans un moteur de recherche. Si vous êtes chanceux, vous trouverez probablement des articles de vérification sur le contenu exact qui vous interroge. Avec un peu moins de chance, vous ne trouverez aucune occurrence concernant la source de l'information, invitant d'autant plus à la prudence.

Identifier d'autres sources est également indispensable pour obtenir une pluralité d'informations concordantes. Multiplier ses sources d'information, et ne pas se fier systématiquement à un seul média, aussi fiable soit-il, est absolument nécessaire. C'est d'ailleurs un cas qui se présente fréquemment dans le milieu du *fact-checking* : beaucoup de médias travaillent souvent sur le même sujet, certains trouvent des informations en procédant avec une méthode qui ne sera pas forcément la même que celle utilisée par un média concurrent. Et ce n'est pas un problème, car c'est de cette émulation que se créent les sources concordantes, menant généralement aux mêmes conclusions ou, en tout cas, à une nuance émanant de la synthèse de ces informations.

Éléments pour repérer une fausse information

Dresser le portrait-robot d'une intox n'est pas chose aisée, en raison de leur multitude. Par définition, les fausses informations ont tendance à imiter les codes des informations authentiques pour paraître vraies. Il ne s'agit pas ici de caricaturer, ou de proposer une typologie définitive, mais plutôt de réfléchir à quelques codes souvent utilisés par les désinformateurs, pour mieux les repérer. Gardez aussi à l'esprit un point important : reconnaître la désinformation sur les réseaux sociaux requiert une approche multifacette, car les acteurs malveillants s'adaptent constamment.

- **Attention aux émotions**

Les messages ou les images qui suscitent des émotions fortes sont conçus pour attirer votre attention et vous donner envie de les partager. Les auteurs des fausses informations jouent particulièrement de ce biais, en manipulant les émotions positives et négatives, afin d'inciter aux interactions, ce qui explique aussi pourquoi elles sont généralement virales. Comme vu précédemment, le cerveau humain a plus tendance à croire ce qui s'adresse au ressenti, et les intox vont jouer sur la corde sensible pour persuader de leur véracité.

Concrètement, cela se vérifie au niveau du vocabulaire employé : exagération, utilisation de termes outragés, emphase… Les propagateurs de désinformation n'ont en soi rien inventé, puisque ces techniques sont des pratiques courantes dans le marketing, mais aussi dans certains titres de presse « pièges à clics » pour attirer vers leurs contenus.

Donc, si vous avez l'impression qu'une publication vous touche, qu'elle vous émeut, vous met en colère ou vous attendrit de façon anormale, c'est une alerte majeure et une invitation à prendre votre temps avant de la partager. La peur est évidemment aussi un levier majeur pour inciter les utilisateurs des réseaux sociaux à interagir avec un contenu. Cela ne signifie pas systématiquement qu'elle est fausse, mais qu'une vérification complémentaire s'impose.

J'utilise souvent l'expression « Cette information est-elle trop belle pour être vraie ? ». Ainsi, les formulations excessivement sensationnalistes, alarmistes ou ampoulées peuvent être un indicateur d'une intention de tromper ou d'attirer l'attention sans se soucier de l'exactitude des faits.

- **Si c'est flou, c'est qu'il y a (peut-être) un loup**

Nous l'avons déjà abordé dans les pages précédentes, mais le répéter ici ne fera pas de mal : les intox ont pour caractéristique majeure de manquer de précision, ou de cacher volontairement certaines parties de l'information, pour servir un propos. Autrement dit, si aucune source n'est affichée, si une citation est attribuée de façon vague ou si une image vous paraît suspecte, prenez quelques secondes pour mener des recherches complémentaires.

Les auteurs des intox s'appuient parfois sur la technique du millefeuille argumentatif, qui consiste à accumuler des informations de manière qu'elles se renforcent réciproquement, sans que la conclusion soit pour autant correcte.

L'objectif est bien souvent de noyer les faits et de donner l'apparence du réel à une argumentation pourtant chancelante.

Ici, il convient d'évoquer que repérer les fausses informations relève parfois de l'intuition : on a le sentiment que quelque chose cloche, donc on vérifie l'hypothèse, soit pour lever le doute, soit pour le confirmer. L'apparence de la crédibilité ne suffit pas à valider une information, et c'est bien entendu avec l'expérience et l'habitude que vous apprendrez à repérer des contenus manipulatoires.

- **Erreurs de grammaire, d'orthographe et de vocabulaire**

Souvent rédigées par des non-professionnels, certaines fausses informations laissent à désirer du point de vue de l'orthographe. Attention, cela arrive aussi à des journalistes professionnels, et les coquilles ne sont pas rares dans les articles en ligne. Cependant, si on vous présente une citation, ou un document supposément officiel, scrutez les erreurs de langage, de conjugaison ou de grammaire.

Ce conseil s'applique particulièrement aux comptes qui relaient des informations automatisées, ou qui rédigent des articles dans une langue qui n'est pas la leur. Utilisant souvent des traducteurs en ligne, des erreurs de français ou de syntaxe peuvent être un indicateur d'un compte étranger se faisant passer pour francophone. C'est notamment le cas de plusieurs comptes de propagande pro-russe écrivant en français, dont les formulations sonnent régulièrement comme des expressions empruntées directement au vocabulaire russe.

- **Les désinformateurs se copient et se répètent**

Les fausses informations ont pour règle systématique d'être copiées, non seulement sur les mêmes réseaux, mais aussi sur des plateformes différentes, voire dans des langues distinctes. À tout hasard, tentez de traduire la publication que vous avez repérée dans une autre langue, par exemple en espagnol si la scène est censée se passer dans un pays hispanophone : vous trouverez probablement des comptes étant à l'origine de l'information, et serez en mesure d'en évaluer leur fiabilité.

Les désinformateurs ont une propension au mimétisme assez caractéristique, permettant, dans une grande majorité des cas, de remonter jusqu'à la première occurrence existante d'un contenu. Retrouver la première trace est essentiel en matière de vérification, car cela peut donner des éléments complémentaires sur l'origine d'une tentative de désinformation, comme apporter des précisions sur son auteur initial et sa crédibilité ou, dans d'autres cas, découvrir que l'origine de l'information était en réalité parodique.

Pour faire passer leur message, nombre de désinformateurs optent également pour la répétition et le martelage de leurs intox. Vérifiez systématiquement si une publication a été postée plusieurs fois par un ou plusieurs utilisateurs. Si une information devient soudainement virale, examinez pourquoi elle se propage si rapidement : il peut s'agir de robots automatisés ou d'une campagne de désinformation coordonnée.

- **Toujours en ligne, malgré les démentis**

Les désinformateurs ont la fâcheuse tendance d'être de mauvaise foi, ils ne se corrigent pas ou alors du bout des lèvres. Une bonne façon de le savoir est de lire les publications faites après celle qui est suspectée d'être fausse : bien souvent, dans un post suivant une intox, l'auteur reconnaît une fausse information, mais se justifie par une formulation du type « D'accord c'est faux, mais ça aurait pu être vrai » ou encore « Ça ne change rien au fond du sujet, même si l'image n'a rien à voir ».

Bien souvent, ces aveux sont bien moins relayés que le post initial diffusant l'intox. C'est précisément pour cette raison que les désinformateurs suppriment rarement leurs publications manipulatoires, même si celles-ci sont avérées : ils laissent vivre la fausse information, qui pourra toujours toucher d'autres publics n'ayant pas fait de vérification de base, et pourront toujours s'abriter derrière le fait qu'ils ont reconnu, dans une autre publication, que celle-ci était fausse.

Il est très rare de voir des auteurs habitués à diffuser de fausses informations les supprimer et s'excuser auprès de leur audience : cette absence d'honnêteté est un autre marqueur caractéristique à prendre en compte.

Notes, alertes et autres avertissements sur les réseaux sociaux

Nous l'avons vu, les commentaires des autres utilisateurs des réseaux sociaux sont souvent une indication non négligeable pour être mis sur la piste d'une publication à vérifier.

Depuis quelques années, plusieurs grandes plateformes et acteurs du numérique ont mis en place des systèmes permettant d'avertir les utilisateurs de potentielles fausses informations. Garder un œil attentif sur ces alertes est également une bonne façon de se protéger des fausses informations. Mais en connaître les limites est aussi important pour ne pas se précipiter.

- **Facebook, Instagram et Threads, des avertissements de « fausses informations »**

Vous avez probablement déjà vu une fenêtre s'afficher sur Facebook pour vous avertir d'un contenu violent, et un bouton permettant de visualiser ce contenu si vous le souhaitez. Eh bien, saviez-vous qu'il existe le même système pour signaler les fausses informations circulant sur ce même réseau social ?

En effet, depuis 2016, le groupe Meta a mis en place un programme de vérification des informations, le *Third Party Fact-Checking Program*, en partenariat avec plus de quatre-vingts médias spécialistes de la vérification dans le monde[60]. Le rôle des journalistes partenaires de cette initiative est d'identifier les fausses informations circulant sur les plateformes du groupe, à savoir Facebook, Instagram et Threads. Ainsi, lorsque des journalistes rédigent un article sur une fausse information circulant sur ces plateformes, ils ont la possibilité de le signaler à Meta.

Le signalement apparaît alors sous forme d'une fenêtre sur la publication permettant d'avertir l'utilisateur que cette publication a été identifiée comme fausse, ou en tout cas manipulatoire, par un partenaire du programme. L'utilisateur reste évidemment libre d'accéder à la publication, même de la partager, mais il est dorénavant informé de la tentative de manipulation. L'utilisateur qui aura partagé la fausse information sera pénalisé, et sa publication sera moins visible (par exemple, elle n'apparaîtra plus dans le moteur de recherche de Facebook).

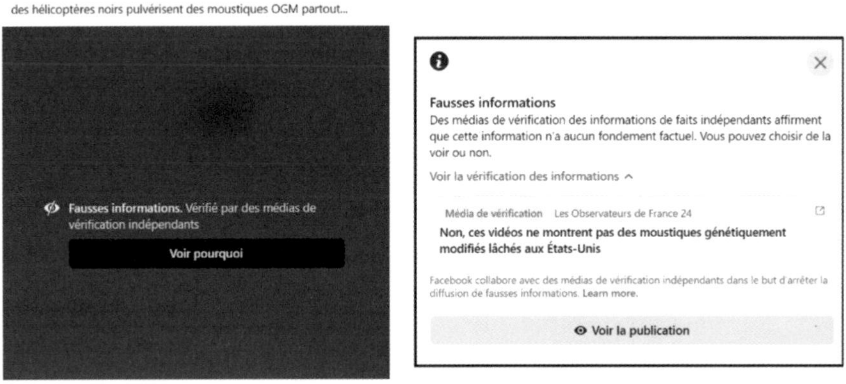

Une publication Facebook prétend montrer
des hélicoptères lâcher des moustiques génétiquement
modifiés dans l'atmosphère.
La fenêtre renvoie vers un article des Observateurs de France 24,
partenaires du programme, indiquant pourquoi il s'agit
d'une fausse information.

Tout utilisateur de Facebook peut également signaler une information douteuse sur les plateformes de Meta : il suffit d'appuyer sur les trois points visibles en haut à droite de n'importe quelle publication, de sélectionner l'option « Signaler la publication » et de qualifier la publication comme « Fausse information » potentielle. La publication n'est pas automatiquement affichée comme fausse après un signalement, mais si un nombre significatif d'utilisateurs signalent la même publication, les médias partenaires du programme reçoivent une alerte pour l'évaluer.

Détails sur le signalement d'une publication en appuyant sur les trois points en haut à droite d'un post Facebook.

Bien que le programme repose sur le travail de journalistes spécialistes de la vérification, il présente deux écueils :

1. Chaque média de *fact-checking* dispose de standards de vérification propres, n'appliquant pas forcément les mêmes critères, même si chaque partenaire du programme est affilié au réseau international de *fact-checking* baptisé « IFCN[d] ». Il convient donc toujours de vérifier l'article référencé, pour s'assurer du contenu ;
2. Certaines publications sur lesquelles apparaissent les signalements sont automatiquement référencées par des algorithmes développés par Meta, sur la base d'anciennes fausses informations qui referaient surface. Ces référencements automatiques comportent quelquefois des erreurs.

- **Google et Bing, un système de marquage**

Les moteurs de recherche Google et Bing intègrent un outil de balisage mis à disposition des éditeurs, qui peuvent l'utiliser

d *International Fact-Checking Network*. En janvier 2024, l'IFCN comptait cent vingt-deux membres vérifiés. En ligne : https://ifcncodeofprinciples.poynter.org/signatories

afin de cibler des informations vérifiées pour des moteurs de recherche, des applications et des plateformes de réseaux sociaux. Le produit, baptisé « ClaimReview », est issu « d'un processus ouvert auquel a participé Duke Reporters' Lab, la communauté internationale de vérificateurs de faits, Google, Bing et Jigsaw[61] ».

Concrètement, il s'agit d'un système de codage valorisant les contenus de vérification publiés par des médias ou des éditeurs. Intégré par de nombreux médias de *fact-checking*, l'algorithme propose en priorité des articles de vérification. En posant une question à Google ou à Bing qui comprend des mots-clés référencés dans un article, celui-ci aura plus de chance d'apparaître dans les premiers résultats.

Exemple d'utilisation du ClaimReview en posant une question sur une vidéo d'un hélicoptère qui lancerait des moustiques génétiquement modifiés. Le premier résultat indexé est un article de vérification des Observateurs de France 24.

Le grand public ne peut pas utiliser le ClaimReview, qui reste associé à des sites professionnels de vérification. En revanche, il est possible de « commenter » les publications en indiquant si l'article a été utile ou non. Savoir que ce type de contenu existe permet aussi de mieux les repérer dans le cadre d'une vérification de base à partir de simples mots-clés.

Autre ressource notable et très intéressante : Google référence la plupart des articles de vérification des membres de ce système de ClaimReview dans un outil accessible en ligne, le Google Fact Check Explorer[62]. Il permet en un coup d'œil de vérifier les derniers articles de vérification publiés en français et en anglais, et de faire des recherches par mots-clés. L'outil intègre même une recherche par image pour étudier si un contenu visuel a fait l'objet d'une vérification.

- **X et les notes de communauté**

X a opté pour un système totalement différent, s'inspirant du modèle développé par Wikipédia : n'importe quel utilisateur peut contribuer au système de notes de communauté, s'il est inscrit sur la plateforme depuis plus de six mois, s'il n'a pas été sanctionné depuis six mois et s'il a un numéro de téléphone actif.

Ces notes existent sur la plateforme depuis 2021, mais elles n'étaient exploitées que par un faible nombre d'utilisateurs, principalement outre-Atlantique, et le système n'était pas disponible en Europe jusqu'à l'été 2023. Une fois inscrit au système de notes, l'utilisateur peut voter pour celles proposées par d'autres utilisateurs. Si un nombre suffisant de contributeurs jugent une note utile, alors celle-ci est affichée publiquement dans un post. Être contributeur n'est pas automatique : il faut évaluer au moins cinq notes rédigées par d'autres avant de pouvoir soi-même en écrire.

La note s'affiche ainsi sous une publication, de façon claire, avec la mention « Des lecteurs ont ajouté un contexte qu'ils jugent utile pour les utilisateurs ». Le système a l'avantage d'avertir immédiatement l'ensemble des utilisateurs de X qu'un tweet est faux, mensonger ou peut prêter à interprétation, et fait donc potentiellement gagner du temps sur la recherche d'une source. À la manière d'un « super commentaire », les notes de communauté sont un espace d'entraide partant initialement d'une bonne intention.

Oui mais voilà, dans les faits, les notes de communauté ne sont que d'une faible fiabilité. Accessibles aux bénévoles anonymes, n'importe qui peut décider qu'une note est valable, qu'il soit aguerri ou non en matière de vérification. Dans un article du *Monde*, le journaliste Damien Leloup, qui a pu tester la fonctionnalité dès juin 2023, décrit le système comme

> *un outil visiblement conçu par une équipe qui a réfléchi aux grandes questions philosophiques de la modération, mais dont le produit se heurte à ce qu'est Twitter, c'est-à-dire un réseau conçu pour donner une prime non pas à la vérité, mais à la viralité et à « l'engagement » de l'utilisateur*[63].

Dans certains cas, ces notes sont devenues des outils de harcèlement de personnalités publiques, comme cela se produit régulièrement pour la députée écologiste française Sandrine Rousseau. Et au sujet du *fact-checking*, elles sont bien souvent incomplètes et d'une efficacité discutable. Une étude de NewsGuard menée début octobre 2023, dans le contexte de la guerre entre Israël et le Hamas palestinien, montre que les notes de communauté « n'apparaissent pas auprès d'informations fausses dans 68 % des cas[64] ».

Parfois même, les notes de communauté sont totalement erronées. Début mai 2023, le compte X @RadioGenova, rebaptisé depuis @RadioGenoa, ironise en publiant une vidéo qui montrerait que la vie nocturne aurait repris à Kiev, alors que les bombes continuent de tomber : « Pendant ce temps-là, dans les boîtes de nuit de Kiev... s'il vous plaît, donnez plus d'argent ! » Une note de communauté apparaît alors sous la publication : la boîte de nuit visible dans les images ne serait pas à Kiev en Ukraine, mais à Varsovie en Pologne. Problème : les utilisateurs qui ont rédigé, puis validé la note, ont confondu deux établissements du même nom, et il s'avère que la vidéo dans la discothèque a bien été filmée à Kiev. Mais la manipulation de @RadioGenova se situe ailleurs : les images que le compte utilise datent au moins de décembre 2021, soit plus de deux mois avant le début de la guerre en Ukraine. Trop tard. Le compte @RadioGenova utilise cette « erreur » pour se victimiser en affirmant que des utilisateurs de X ont cherché à le dénigrer par une note factuellement incorrecte.

Dans cet exemple, il est impossible de savoir si plusieurs utilisateurs se sont trompés de bonne foi en évaluant la première note comme correcte, ou même qui a rédigé puis validé la note. Mais il souligne d'autant plus les limites du système, qui peut largement être détourné pour appuyer une idéologie, ou contrecarrer un propos.

Petit lexique du désinformateur

Il existe autant de formulations qu'il existe de désinformateurs. Chacun usant de ses propres techniques pour intéresser son audience. Néanmoins, il demeure quelques marqueurs récurrents utilisés par ceux qui diffusent fréquemment de fausses informations. Si les éléments qui suivent ne sont pas exhaustifs, et ne peuvent garantir à 100 % qu'un contenu est manipulatoire, ils constituent néanmoins des alertes qu'il est utile de prendre en compte dans son analyse du contenu. Ils sont basés principalement sur mes observations durant ces six dernières années à étudier les légendes de contenus manipulatoires, et sur des échanges avec d'autres journalistes et des chercheurs habitués à repérer les fausses informations.

- **Les majuscules :** une publication contenant des termes comme « ALERTE » ou « URGENT » en majuscules ou même des phrases entières en lettres capitales témoignent d'une volonté d'attirer l'attention du lecteur. Imitant le code médiatique des dépêches d'agence, ils sont des marqueurs de tromperie potentielle.
- **« Les médias vous mentent »** / **« Vous ne verrez pas ça dans les médias » :** ceux qui crient au loup en affirmant de façon générale que les journalistes ne disent pas la vérité, et donc qu'il faut les écouter, sont souvent ceux qui cherchent à capter l'attention pour désinformer. Ils jouent sur le désamour et la crise de confiance, bien réels, envers les médias. Une rapide vérification permet de constater qu'en général l'information qu'ils affirment révéler est souvent très bien couverte par les médias traditionnels.

- **« Facebook / Instagram / X a supprimé la publication, alors je la reposte » :** variante pour alerter sur une censure, cette formulation prétend révéler à l'utilisateur du réseau social qu'il va avoir accès à une information dérangeante, que les grandes plateformes numériques cherchent à lui cacher. Une affirmation souvent totalement fantaisiste, aucune publication n'ayant au préalable été supprimée.
- **« Endormir le peuple » ou invitation à « se réveiller » :** référence classique à la lobotomisation des esprits par la propagande, ces expressions tentent de s'adresser à la conscience de l'utilisateur en lui indiquant que sa vigilance a été trompée, et donc en le culpabilisant. De la même façon, toute invitation à « se concentrer » ou à « écouter attentivement » est un moyen de capter l'attention, souvent utilisé dans les premières phrases d'une publication, pour ensuite mieux diffuser une fausse information. Or, c'est bien souvent ceux qui utilisent ce type d'expression qui cherchent justement à vous « endormir ».
- **« Comme par hasard » / « On vous l'avait bien dit ! » :** suggérer des coïncidences douteuses, ou des timings suspects, parfois de façon ironique, est une manière d'associer des événements ou des situations qui n'ont aucun rapport, et suggèrent une manipulation sous-jacente. Ces expressions sous-entendent également que tout était prévu, et que vous n'avez rien vu venir. Des phrases toutes faites qui résistent rarement à des vérifications factuelles.
- **L'émoji « clown » :** selon le site dictionary.com, l'émoji clown a été popularisé par la génération Z et représente « un symbole universel pour désigner quelqu'un qui agit ou dit quelque chose d'incroyablement stupide[65] ». Adapté au contexte de la désinformation, cet émoji est souvent utilisé par ceux qui veulent présenter des personnalités publiques, souvent politiques, comme des personnes agissant comme des clowns ou prenant le

grand public pour des imbéciles. Contenu que la publication affirme révéler pour éviter à l'internaute d'être lui aussi clowné.

Variante : l'émoji « mort de rire » est régulièrement utilisé dans des publications pour affirmer révéler une supercherie tellement ridicule aux yeux du désinformateur qu'elle en est risible. En guise de réponse, elle est aussi utilisée pour dénigrer une argumentation, ou tourner en ridicule une démonstration.

- **L'émoji « carotte »** : utilisé dans le sens de l'expression « se faire carotter », provenant de l'image de l'âne en train de tirer une charrette tandis que son maître laisse pendre une carotte devant son museau, lui donnant ainsi l'espoir d'atteindre cette carotte, sans jamais l'obtenir.

Capture d'écran d'un compte TikTok relayant une fausse information, autour de Volodymyr Zelensky, utilisant l'émoji carotte et des smileys riant[66].

L'émoji a pour objectif de se moquer d'une situation, en affirmant que ceux qui croient à une information vont « se faire carotter ». L'émoji est devenu particulièrement célèbre pendant la pandémie de Covid-19, où les opposants au vaccin utilisaient trois émojis de carotte pour se moquer des triples vaccinés. Dans l'exemple page précédente, l'émoji est utilisé pour illustrer le détournement supposé des dons pour la guerre en Ukraine par le président ukrainien, Volodymyr Zelensky, afin d'acheter des villas de luxe, une fausse information vérifiée par plusieurs médias[67].

- « **Complosophe** » **:** tendance assez récente accusant les vérificateurs, ou ceux qui contredisent une fausse information, de coller une étiquette de complotiste à quiconque aurait un discours différent. Il s'agit d'une stratégie d'inversion de la charge de la preuve ayant pour but de se victimiser : plutôt que de se concentrer sur les arguments apportés par des contradicteurs, les accuser d'être parti pris. Sur la même thématique, la phrase « Les complotistes avaient raison[e] » est régulièrement utilisée pour prétendre valider des théories émises dans le passé, et qui se seraient réalisées plus tard.
- « **Moteur, action !** » / « **Ça tourne !** » / « **Hollywood** » **:** les accusations de mise en scène d'une situation dans le but de tromper le public sont récurrentes, et particulièrement présentes depuis le début de l'invasion russe en Ukraine. Elles jouent sur le fait que le grand public serait notamment trompé par les médias, qui créeraient de fausses situations afin de les filmer puis de les diffuser pour faire croire à la réalité. La logique a été popularisée par la théorie du complot de « Pallywood » – terme inventé durant la seconde intifada en 2000, lors de laquelle des éditorialistes pro-Israël ont évoqué des manipulations de contenus vidéo prétendant montrer

---

[e] Expression repérée par Tristan Mendès France.

la violence israélienne ou la souffrance palestinienne. De nos jours, la logique est la même : signaler une potentielle « mise en scène » crée le doute autour de la véracité d'une vidéo ou d'une scène.

- ***« False flag » :*** traduit littéralement par « faux drapeau » ou « fausse bannière », le terme, à l'origine militaire, est utilisé pour désigner des fausses opérations supposées qui auraient pour but de détourner l'attention du public d'un autre sujet jugé plus important. Le terme a été particulièrement utilisé dans le cadre d'attentats terroristes ou de la guerre en Ukraine pour supposer que des événements étaient mis en scène.

D'autres mots auraient pu se retrouver dans ce lexique, comme « nouvel ordre mondial », « dépopulation », « réinitialisation », ou encore des théories récurrentes, comme celles des « *chemtrails* » suggérant que les avions épandent des produits toxiques dans l'atmosphère, ou bien encore « HAARP », observatoire basé en Alaska qui étudie la haute atmosphère et régulièrement accusé d'être un projet déréglant sciemment le climat mondial. Rester à l'écoute des thématiques émergentes utilisées par les désinformateurs et observer leur formulation est une gymnastique à pratiquer régulièrement pour mieux repérer les manipulations.

Grille de lecture du *fact-checker*

Avant de partager toute information, la vérification est donc essentielle. Mais subsiste une interrogation : à partir de quel moment a-t-on assez vérifié un contenu ? C'est une question fondamentale que les journalistes se posent systématiquement, avec un degré d'exigence maximal pour informer leur public. Vous n'avez pas ce niveau de responsabilité, mais d'une certaine manière vous avez également votre public : les personnes avec qui vous interagissez et qui vous suivent sur les réseaux sociaux, voire vos proches avec qui vous échangez de vive voix sur l'actualité.

Pour s'assurer du partage d'informations vérifiées, le projet First Draft News, actif entre 2015 et 2022 et piloté par un consortium de neuf organisations financées par le Google News Lab, a édité un guide à destination des journalistes, qui peut en réalité servir à n'importe quel citoyen (voir le tableau page suivante). Basé sur la règle des 5W vue précédemment, un code couleur est ajouté pour évaluer la fiabilité des informations disponibles. S'il n'est pas possible de répondre clairement à la question, vous serez dans la situation d'un feu rouge. Si vous parvenez à y répondre, à l'inverse, ce sera un feu vert. Les différentes situations sont résumées dans le tableau page suivante. Les questions sont adaptées pour une vérification de contenus écrits, de photos ou de vidéos.

Une fois que vous avez répondu aux cinq questions, grâce aux différentes gradations, vous obtenez donc cinq « feux » de couleur. La question à vous poser alors est : « Ai-je suffisamment de feux s'approchant du vert pour relayer cette information ? » Il est bien sûr parfois impossible d'avoir les cinq feux verts, par manque de temps ou d'information. Mais s'approcher de cette situation donnera plus confiance à l'information que vous relayez.

De manière générale, concernant une information sur laquelle vous doutiez initialement, je vous recommande d'avoir au moins trois ou quatre feux verts, et un à deux feux vert pâle. Deux feux orange doivent inviter à la prudence et de probables vérifications complémentaires. Pour autant, un feu rouge ne signifie pas avec certitude que l'information est fausse : il vous montre seulement qu'il existe suffisamment de zones d'ombre pour ne pas relayer immédiatement le contenu. En utilisant cet outil, vous adoptez une attitude responsable et méthodique pour traiter une information.

	NON (feu rouge)	Peu probable (feu rouge pâle)	Incertain (feu orange)	Très probable (feu vert pâle)	OUI (feu vert)
S'agit-il du contenu d'origine ?	On retrouve des contenus avant que l'événement n'ait eu lieu.	On retrouve d'autres publications avec des caractéristiques similaires.	On retrouve de nombreux contenus similaires postés simultanément.	On ne retrouve pas d'autres versions.	Je l'ai reçu directement d'une source fiable.
Savez-vous qui en est l'auteur ?	Contenu reçu de source inconnue (réseaux sociaux, messagerie instantanée).	Contenu avec une source anonyme non identifiée.	On retrouve un auteur potentiel sans avoir pu confirmer directement.	L'auteur d'un contenu est identifié par son nom et son identité vérifiée.	J'ai parlé avec l'auteur qui m'a prouvé la paternité du contenu.
Savez-vous où cela s'est passé ?	Aucun élément ne permet de le vérifier.	D'autres informations trouvées ailleurs permettent d'identifier un lieu possible.	Des éléments concrets ou visuels permettent d'avoir des pistes.	La publication est géolocalisée et cela est cohérent avec le contenu.	L'auteur a confirmé le lieu exact, corroboré par mes recherches personnelles.
Savez-vous quand cela s'est passé ?	Aucun élément ne permet de le vérifier.	D'autres informations trouvées ailleurs donnent une indication sur la date possible.	L'information a été postée à une date et heure concordantes avec le contenu.	J'ai pu vérifier par mes recherches personnelles la date du contenu.	L'auteur a confirmé la date exacte corroborée par mes recherches personnelles.
Savez-vous pourquoi cela a été posté ?	Les motivations ne sont pas claires ou pas explicites.	Compte créé récemment, peu actif.	Des liens ont été identifiés avec une activité militante/politique…	La personne est identifiée (journaliste, vacancier…).	J'ai parlé à l'auteur qui a expliqué ses motivations.

Guide de First Draft pour la vérification de l'information en ligne[68].

En résumé

- ✓ Avant d'interagir avec une publication, posez-vous systématiquement les trois questions de base : qui est derrière l'information ? Quelles sont ses preuves ? Quelles sont les autres sources ? Pour aller plus loin, s'interroger sur les 5W journalistiques est un exercice mécanique utile pour évaluer la fiabilité d'une information.
- ✓ Pour décoder et repérer les intox, observez leur forme autant que leur contenu (vocabulaire, tonalité…). Les méthodes utilisées sont souvent les mêmes pour induire en erreur.
- ✓ Soyez attentif aux alertes des autres utilisateurs ou des plateformes mais attention : ils peuvent aussi induire en erreur, et invitent surtout à revérifier par soi-même.

Chapitre 4

Vérifier une photo

Faire face à une photo sur les réseaux sociaux et douter de son authenticité. À qui cette situation n'est pas déjà arrivée au moins une fois ? Vérifier une photo est pourtant aujourd'hui l'une des situations les plus faciles à maîtriser, même sans avoir une grande connaissance des outils numériques. Elle se résume en un mot : la recherche d'image inversée (*reverse image search*, en anglais).

La recherche d'image inversée est une technique de requête de récupération d'image basée sur un contenu visuel. Elle permet à un utilisateur d'identifier l'origine d'une image indexée dans un moteur de recherche. Initialement, elle était surtout utilisée par des photographes ou des artistes à la recherche de copies non autorisées de leurs œuvres sur Internet.

Maîtriser la recherche d'image inversée est indispensable pour commencer et appréhender d'autres outils de vérification. Car la recherche d'image inversée, au-delà d'être un geste technique, est avant tout une méthodologie.

Pourquoi faire une recherche d'image inversée ?

Lorsqu'on fait face à une photo sur Internet, le premier réflexe à adopter est de se demander si l'image correspond bien à la légende qui est présentée, voire si l'image n'a pas été modifiée pour servir un discours.

Tout l'enjeu d'une recherche d'image inversée est de retrouver où une image a été postée sur Internet et d'évaluer combien de fois elle a été reprise.

L'objectif premier, qui n'est pas toujours aisé, est donc de retrouver la première occurrence de l'image, c'est-à-dire la plus ancienne fois où elle est apparue sur Internet. Cela peut généralement permettre d'identifier le contexte original de la photo, ainsi que la date et le lieu initiaux.

Ensuite, il s'agit de récupérer une image de meilleure qualité. Trouver une photo avec une meilleure résolution peut permettre de révéler de nouveaux détails ou de recommencer une nouvelle recherche d'image inversée. En effet, meilleure est la qualité de la photo, meilleurs seront les résultats de la recherche.

Enfin, cette recherche permet d'avoir une vue d'ensemble sur les sites ou les pages ayant partagé l'image. Si celle-ci n'a été reprise que par des sites inconnus ou des utilisateurs sur les réseaux sociaux, sans que la source soit clairement établie, cela peut alerter sur sa fiabilité. Une recherche aboutissant à de nombreuses occurrences de l'image peut également signifier que le contenu a été viral, et qu'il convient donc d'être prudent avant de la relayer à son tour.

Quels sont les principaux moteurs de recherche d'image inversée ?

Plusieurs moteurs de recherche et outils gratuits en ligne proposent cette fonctionnalité, chacun avec ses avantages et ses inconvénients : les connaître permet souvent de gagner en efficacité dans ses recherches en ciblant le moteur le plus adapté au cas qui vous intéresse.

- **Google Images, le plus ancien**

Depuis le début des années 2010, et pendant longtemps, l'un des rares moteurs de recherche d'image inversée efficace était proposé sur Google.

Le géant américain propose, grâce à une méthode simple, de chercher une image plutôt que de taper les traditionnels mots-clés. L'outil[69] permet, en cliquant sur l'appareil photo visible dans la barre de recherche, de glisser une image préalablement téléchargée sur son ordinateur, ou même de renseigner l'URL d'une photo.

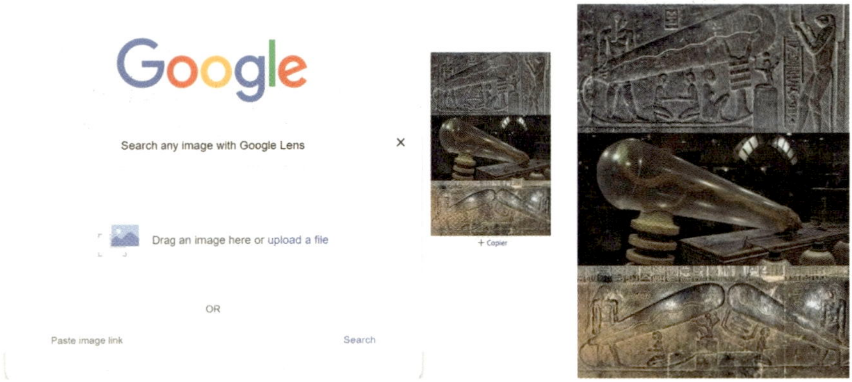

Déposez une photo ou tapez l'URL d'une image postée sur les réseaux sociaux. Ici, nous glissons l'image d'un supposé vestige d'ampoule égyptienne.

Depuis 2022, Google a progressivement intégré une application de reconnaissance visuelle : Google Lens. Ce nouveau module alimenté par l'intelligence artificielle présente des avantages, mais aussi des inconvénients.

L'avantage principal est de pouvoir centrer la recherche sur une partie de l'image afin de cibler plus précisément les résultats. Dans notre exemple, l'image centrale avait été présentée comme un vestige d'une ampoule de l'Égypte antique, qui prouverait que les Égyptiens avaient inventé l'électricité[f]. En focalisant la recherche, comme ci-après, on apprend que cette « ampoule » est en fait une sculpture exposée dans un parc d'attractions en Suisse.

[f] L'image avait circulé en marge d'une interview du chanteur Gims en mars 2023, sur la chaîne YouTube OuiHustle, qui déclarait : « L'or [au sommet des pyramides], c'est le meilleur conducteur pour l'électricité. » Il est ensuite revenu sur ses propos.

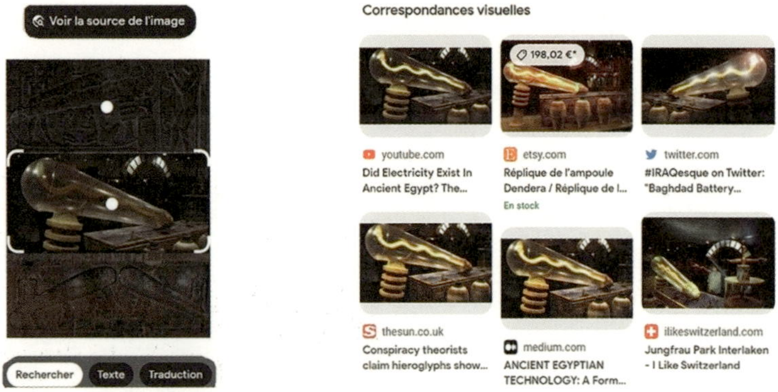

Résultats de la recherche précédente centrée sur la photo centrale. Le 2e résultat indique qu'il s'agit d'une « réplique de l'ampoule Dendera », et le 6e lien renvoie vers le parc d'attractions suisse qui expose cette sculpture.

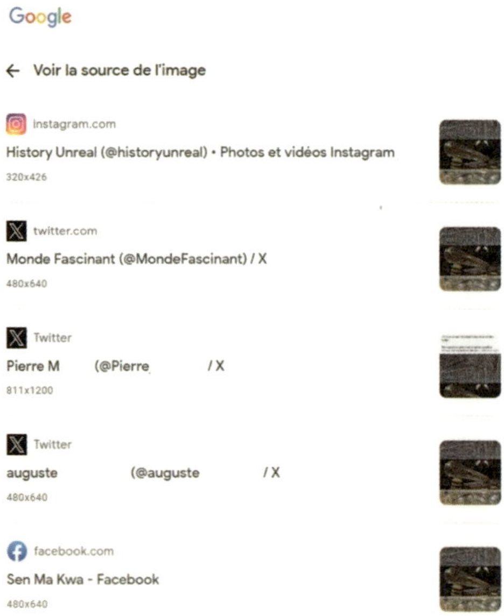

Résultats affichés pour l'image de l'ampoule égyptienne en cliquant sur « Voir la source de l'image ».

Autre avantage : Google Lens ne se limite pas simplement à retrouver l'image exacte que vous cherchez. Il vous propose des images similaires, qui pourraient vous apporter plus de contexte sur le contenu que vous examinez. Ainsi, il est possible de retrouver grâce à ce type de recherche des logos ou des objets inconnus.

Point dommageable : il n'est pas possible de trier les résultats par date ou par taille, une technique pourtant pratique pour retrouver l'image de meilleure qualité possible ou identifier la plus ancienne.

L'ancien système est toujours disponible en cliquant sur « Voir la source de l'image » en haut de la fenêtre de visualisation de l'image. Cependant, il fournit simplement une liste de résultats sans possibilité de filtrer les données.

- **Yandex Images, le rival russe**

Le moteur de recherche Yandex Images est moins connu en Occident qu'en Russie, mais il présente les mêmes caractéristiques que son rival américain. Il a l'avantage de permettre de faire des recherches sur les sites russophones notamment, moins bien indexés par Google, ainsi que sur de nombreux sites hébergés dans des pays d'Europe de l'Est.

Le principe est le même que sur Google Images : un appareil photo présent dans une barre de recherche permet de charger une photo, et d'en inspecter tous les résultats trouvés par le moteur de recherche.

Page d'accueil de Yandex Images.

Yandex Images est connu des vérificateurs d'information comme étant un moteur de recherche donnant des résultats parfois bien plus précis que d'autres : si les détails de l'algorithme ne sont pas totalement transparents, des tests croisés avec Google Images permettent de constater que le moteur de recherche russe met en avant plus de contenus pertinents, pixel à pixel, couleur à couleur et forme à forme, et donc plus de résultats.

À ce titre, le site Budding Geek montre que Yandex est particulièrement efficace dans la recherche de logos. Pour celui de Budding Geek, recherché sur Yandex Images d'une part, et sur Google Images d'autre part, Yandex reconnaît non seulement le logo, mais également le motif, la forme et la palette de couleurs de l'image téléchargée. On remarque également que les résultats figurant dans « Images similaires » sont plus précis que ceux de Google.

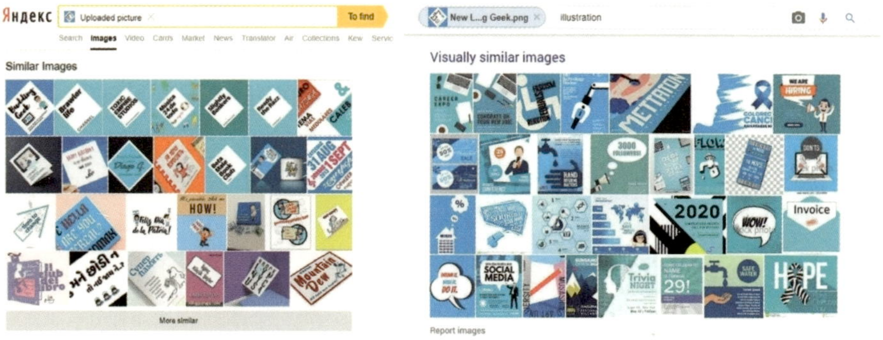

Comparaison des résultats de Yandex Images (à gauche) et Google Images (à droite)[70].

Aric Toler, membre du collectif d'enquêteurs en ligne Bellingcat, a également montré à plusieurs reprises, dans le cadre de ses enquêtes, que Yandex est particulièrement efficace en matière de reconnaissance faciale[71], lorsqu'il s'agit de retrouver des personnalités russes ou d'Europe de l'Est. Yandex Images recherche en effet des photos qui ressemblent à celles qui comprennent un visage, mais est également capable d'identifier d'autres photos de la même personne. Alors que Google recherche simplement les photos d'une personne avec des vêtements similaires et des caractéristiques faciales générales, Yandex trouve une correspondance faciale. L'outil pose évidemment des problématiques éthiques[72].

Mais ce moteur de recherche n'est pas non plus infaillible : il est notamment moins efficace que Google Images pour reconnaître des lieux basés en Amérique du Nord ou en Amérique latine. Il ne permet pas de borner des recherches dans le temps, bien qu'un filtre permette de faire apparaître les résultats les plus récents. Il ne peut pas non plus accomplir de miracle pour une image à rechercher sur les principaux réseaux sociaux comme Facebook, Twitter ou Instagram, insuffisamment indexés dans le moteur de recherche. En revanche, si vous cherchez des photos publiées sur le principal réseau social russe, VKontakte, il y a fort à parier que Yandex vous y aidera.

- **TinEye, le petit poucet**

Le site TinEye est le moins connu des trois présentés ici, mais pas le moins intéressant. Site canadien fondé en 2008 par l'entreprise Idée Inc., il permet de faire des recherches d'image inversée à partir de photos chargées d'un ordinateur ou d'une URL. Son interface est en anglais, sans possibilité de changer la langue.

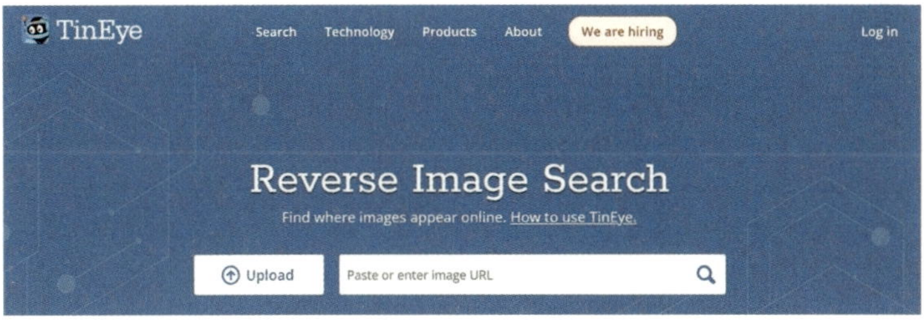

Page d'accueil de TinEye.

Le site indexe moins de pages que les grands moteurs de recherche comme Google ou Yandex, et fait donc généralement ressortir moins de résultats. Néanmoins, il présente deux avantages majeurs :

1. Le site propose un filtre pour trier les résultats par l'image « la plus ancienne » retrouvée. Particulièrement utile quand on cherche l'occurrence la plus vieille d'une image, qui est généralement celle qui permet de retrouver l'origine ou le contexte initial de publication.

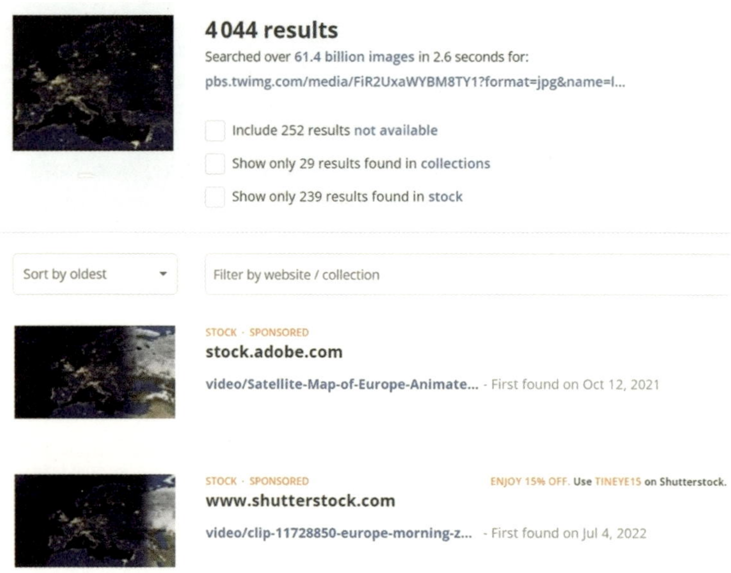

TinEye permet de trier les résultats
en faisant apparaître le plus ancien en premier (« *Sort by oldest* »).

2. Le site propose un onglet de visualisation permettant de comparer les modifications graphiques effectuées sur l'image qu'on cherche à vérifier. Il permet ainsi, en un coup d'œil, de détecter les photomontages.

En juillet 2018, une photo d'une plage bondée, supposément en Chine, fait réagir de nombreux utilisateurs de Facebook. Une recherche d'image inversée de la photo avec TinEye permet, très rapidement, de constater que la photo existe depuis août 2013 sur Internet, et qu'elle a été prise lors des Journées mondiales de la jeunesse sur la plage de Copacabana, à Rio, au Brésil.

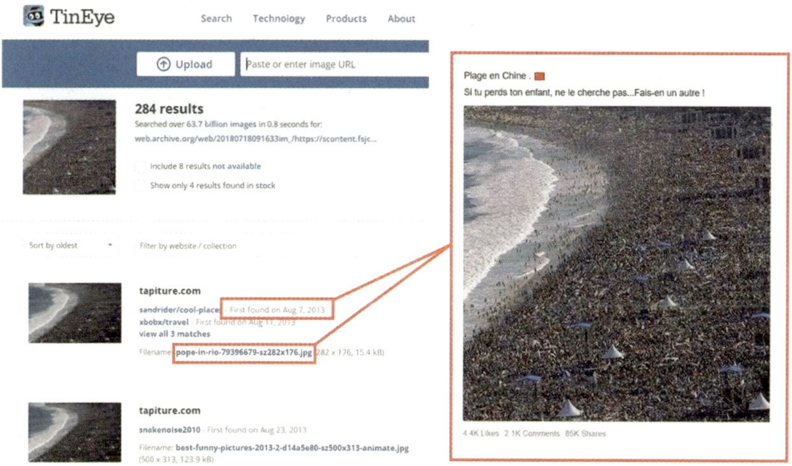

La recherche de cette image fait ressortir plus de résultats jusqu'en août 2013, mentionnant dans le titre de l'image « Le pape à Rio ».

- **Bing, Baidu et autres moteurs de recherche**

Si les trois moteurs de recherche d'image inversée précédents sont les plus connus, d'autres méritent aussi que l'on s'y attarde.

D'abord, Bing Visual Search, développé par Microsoft. Si l'outil n'est pas celui qui donne généralement les meilleurs résultats, il présente deux onglets intéressants qui affichent les pages contenant l'image recherchée et les « contenus similaires » permettant, dans certains cas, de retrouver des images proches. Comme Yandex ou Google Lens, il permet aussi de ne sélectionner qu'une seule partie de l'image pour cibler sa recherche.

L'outil présente cependant de grandes faiblesses, en particulier si l'image est de trop mauvaise résolution, et ne permet pas de trier les résultats selon les tailles d'images.

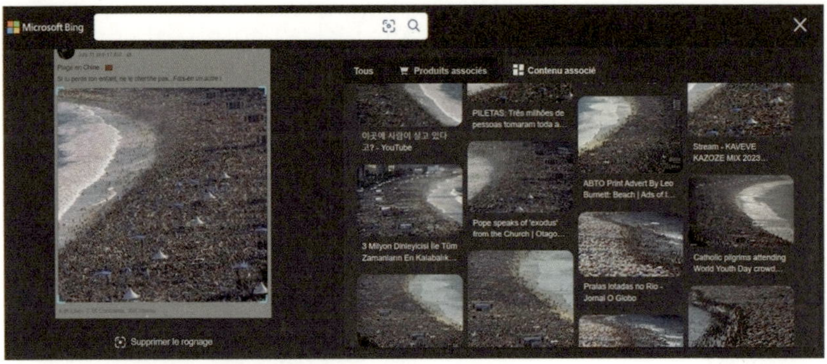

Le moteur de recherche de Microsoft Bing permet d'afficher d'autres résultats pertinents.

Ensuite, Baidu Images est le moteur de recherche chinois le plus connu. Il vous sera d'une grande utilité si vous cherchez des contenus qui sont supposés venir du Web chinois. Il indexe de nombreuses pages, notamment sur Weibo, un des réseaux sociaux populaires en Chine, et affiche des résultats pertinents venant parfois de pages peu indexées par Google notamment.

Page d'accueil de Baidu, moteur de recherche d'image à privilégier pour des recherches sur des sites chinois.

En revanche, il ne sera pas d'une grande utilité si vous cherchez des résultats pour des contenus européens, africains ou américains. Autre difficulté : le site ne propose pas de traduction en anglais. Il faut donc utiliser un traducteur automatique, comme Google Translate ou Deepl, pour comprendre les résultats affichés en mandarin.

Enfin, s'ils ne sont pas les plus utiles, d'autres outils de recherche d'image inversée peuvent être adoptés pour diversifier ses résultats. Par exemple, faire une recherche sur Karmadecay – un outil de recherche d'image inversée spécifique au forum Reddit, un repaire connu de trolls et de théories complotistes où ont notamment circulé de nombreuses images manipulatoires durant l'élection présidentielle américaine en 2016[73] – peut permettre de savoir si une image a circulé dans un contexte parodique, ou de retrouver un fil de discussion avec des commentaires pertinents pour savoir si elle est bien réelle.

Comment croiser les recherches d'image inversée ?

En résumé, chaque moteur de recherche d'image inversée à ses forces et ses faiblesses. L'état des connaissances est évolutif, mais les principales informations ont été recensées dans un tableau élaboré en 2019 par le site DomainTools[74].

Selon ce tableau, il apparaît ainsi que Yandex était en 2019 l'outil qui présentait les meilleurs résultats sur un ensemble de tests, et que TinEye était globalement le moins performant. On constate également que TinEye reste plus efficace pour reconnaître un logo par rapport à Yandex, et que Google ne sera pas d'une grande aide pour retrouver une image graphiquement modifiée, à l'inverse de Bing (voir p. 90, « Comment être créatif pour une recherche d'image inversée réussie »).

La meilleure approche est donc de croiser les forces de chaque moteur : procéder à plusieurs recherches d'image inversée est souvent la bonne solution pour trouver la source d'une image. En général, il est préférable d'utiliser en priorité Yandex qui apporte souvent les meilleurs résultats, puis de vérifier si le résultat obtenu est concordant avec les résultats de Google ou de Bing qui indexent davantage de contenus.

L'enfant et l'oiseau

Un exemple anecdotique peut parfois révéler la force et la faiblesse des outils de recherche d'image inversée.

Photomontage d'une photo d'Adrian C. Murray.

La photo de cet enfant regardant un colibri voler devant lui en est une : Google comme Yandex affichent une liste de résultats où l'image a été retrouvée, c'est-à-dire dans de nombreuses publications sur X ou Facebook s'extasiant sur la photo.

Éléments intéressants cependant, sur Yandex Images, on nous propose une photo d'un colibri qui ressemble à s'y méprendre à celui de l'image. S'agirait-il d'un photomontage ? On peut également voir des photos semblables, avec des enfants dans la nature croisant parfois des animaux.

Résultats affichés sur Yandex Images à partir de la photo de *L'enfant et l'oiseau*.

C'est avec TinEye qu'on découvre le fin mot de l'histoire : une recherche de la photo avec le filtre « Image la plus ancienne » révèle que la photo circule depuis 2015 et surtout que, sur l'image originale, aucun oiseau n'est visible. On y remarque même une signature qui a été volontairement rognée des images manipulées, celle d'Adrian C. Murray, l'auteur de cette photo, un artiste spécialisé dans les photographies d'enfants.

La photographie initiale ne comporte aucun oiseau, et elle est signée du photographe Adrian C. Murray[75]. Il s'agissait d'un photomontage.

Extensions et téléphone portable : comment être efficace ?

Faire de multiples recherches d'image inversée peut s'avérer fastidieux. Pour être plus efficace, plusieurs extensions sont disponibles gratuitement sur la plupart des navigateurs comme Google Chrome ou Mozilla Firefox.

- **L'extension RevEye** intègre les quatre principaux moteurs de recherche Google, Yandex, Bing et TinEye. Sur un ordinateur, en faisant un clic droit sur une image, l'extension propose d'effectuer quatre recherches d'image inversée dans quatre onglets différents, et ainsi de comparer les résultats.

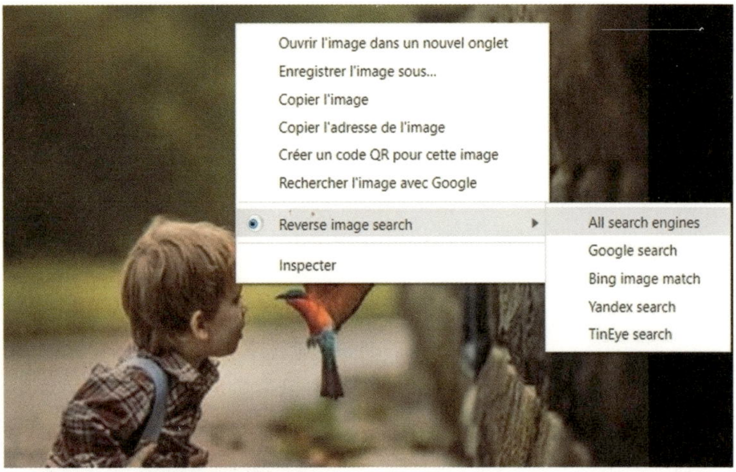

RevEye permet de faire une recherche simultanée sur quatre outils différents.

- **L'extension InVID-WeVerify** (voir l'enquête vidéo, chapitre 5) permet de rechercher sur huit outils la photo que vous souhaitez analyser. Elle est particulièrement intéressante car elle permet de faire une recherche directement sur Google Images, et pas sur Google Lens, qui offre moins de résultats pertinents (voir précédemment).

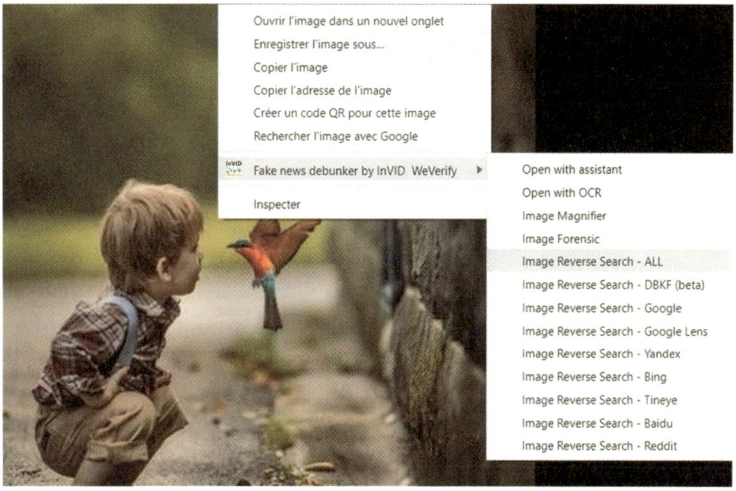

InVID-WeVerify propose de faire une recherche
sur les huit principaux outils disponibles.

- **Les applications sur téléphone portable.** Vous êtes dans les transports en commun, et vous n'avez que votre téléphone portable ? Allez sur votre boutique en ligne : en tapant « *Reverse Image Search* », vous trouverez une multitude d'applications permettant de télécharger l'image que vous voulez vérifier. Ainsi, l'application « Search by Image » permet d'effectuer des recherches sur Google, Yandex et Bing, et d'obtenir des résultats bien souvent en moins de trente secondes. Par exemple, ci-après, on cherche ce que signifie un drapeau qu'on a croisé sur les réseaux : l'outil nous affiche immédiatement des occurrences pertinentes montrant qu'il s'agit du drapeau des Forces de fusées stratégiques de la fédération de Russie.

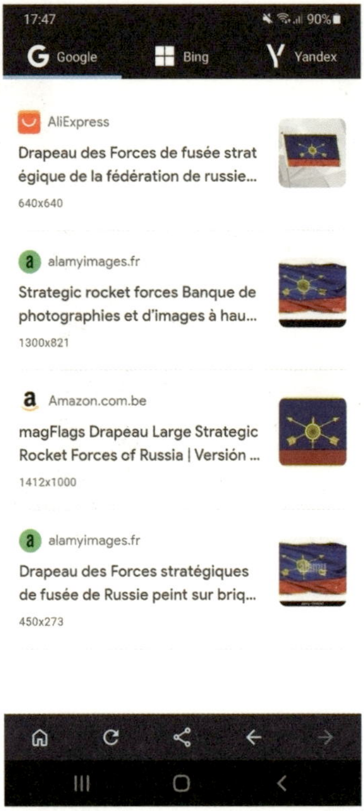

Exemple de recherche via l'application « Search by Image » sur un drapeau inconnu.

Comment être créatif pour réussir une recherche d'image inversée ?

Lorsqu'une recherche d'image inversée ne donne aucun résultat, il faut parfois tenter de se mettre à la place du désinformateur : qu'a-t-il mis en œuvre pour que personne ne retrouve l'image originale ? Ces cas sont rares mais nécessitent de faire preuve d'ingéniosité pour contourner les limites des moteurs de recherche.

- **Inverser l'image**

Les moteurs de recherche peuvent être trompés par une photo dont le sens a été inversé symétriquement. Même si la plupart sont capables de reconnaître ces modifications, les algorithmes se limitent souvent à faire ressortir les images identiques, et ne sont pas toujours capables de trouver la même image d'un sens inversé. C'est un cas de figure fréquemment employé par des utilisateurs des réseaux sociaux qui veulent prouver qu'il existe des incohérences visuelles dans une image, en particulier pour discréditer ou au contraire défendre quelqu'un.

La photo de Derek Chauvin[76]

Le 25 mai 2020, le policier de Minneapolis Derek Chauvin est impliqué dans le meurtre de Georges Floyd, déclenchant émeutes et manifestations aux États-Unis. Mais la photo d'identité judiciaire diffusée officiellement permet à certains utilisateurs de la messagerie instantanée Telegram d'affirmer que Derek Chauvin est victime d'une erreur judiciaire : pour cela, ils comparent cette photo avec une autre photo de Derek Chauvin en service. Pour eux, la forme de l'oreille du policier ne correspond pas à celle de l'homme qui a été arrêté.

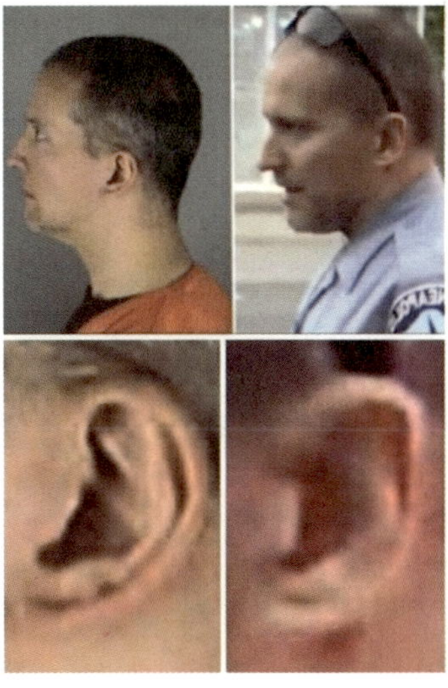

Des utilisateurs des réseaux sociaux ont pensé voir une différence de contour d'oreilles, prouvant que l'homme arrêté n'était pas Derek Chauvin[77].

Mais l'explication est pourtant très simple : l'image de Derek Chauvin en tenue de policier a été symétriquement inversée : on peut le voir à son insigne sur le bras, où le mot « Minneapolis » est à l'envers. En retournant horizontalement cette image, on peut retrouver d'autres photos de Derek Chauvin en uniforme, et constater qu'il s'agit de son oreille droite, et pas de son oreille gauche.

Ainsi, ceux qui ont tenté de faire croire que ce n'était pas le même homme se sont basés sur une fausse analyse, puisqu'il ne s'agissait pas de la même oreille. L'homme visible sur les deux images est bien Derek Chauvin, dont on voit tantôt l'oreille gauche, tantôt l'oreille droite.

- **Changer la couleur ou le contraste de l'image**

Parfois, c'est une légère altération graphique d'une photo qui peut la rendre difficile à retrouver dans les moteurs de recherche : sa couleur initiale a été changée, la luminosité ou le contraste de l'image ont été modifiés. Si vous constatez qu'une image a une couleur étrange, c'est peut-être que ceux qui la partagent essaient de camoufler son origine.

L'attaque du *Moskva*

Le 14 avril 2022, le *Moskva*, un croiseur russe, prend feu et sombre le lendemain, sans que les causes exactes soient confirmées. Une photo « exclusive » publiée sur X affirme montrer le bateau en feu. Celle-ci serait prise via une lunette de vision nocturne et apparaît ainsi toute verte sur l'image diffusée sur les réseaux sociaux.

Pour retrouver l'image d'origine, il faut contourner ce filtre vert, comme l'a expliqué un utilisateur de X[78]. Pour ce faire, il a changé l'image en noir et blanc et l'a aussi retournée horizontalement.

Une recherche de la nouvelle image a permis de trouver d'où venait cette capture d'écran : la même image apparaît dans une vidéo YouTube de l'incendie de bateaux tanzaniens, lors d'un transfert de carburant en mer Noire, datant de janvier 2019. Absolument rien à voir avec l'incendie du *Moskva*, en avril 2022.

En haut, image diffusée montrant la supposée explosion du *Moskva*. En bas, capture d'écran d'une vidéo montrant l'explosion d'un bateau tanzanien en 2019[79].

- **Flouter une partie de la photo**

Retrouver l'origine d'une image peut également nécessiter d'en oblitérer certains détails afin de permettre au moteur de recherche de se concentrer sur l'essentiel. N'hésitez donc pas à flouter ou à poser un cadre noir sur une partie de la photo qui n'est pas utile pour la recherche. Par exemple, floutez le buste d'une personne si vous voulez vous concentrer sur les paysages autour d'elle, ou au contraire masquer l'environnement autour d'un visage si vous souhaitez que la recherche d'image inversée se focalise sur celui-ci.

La photo de Christianné Allen

Christianné Allen, porte-parole de Rudy Giuliani, lui-même connu pour être l'avocat de Donald Trump, a posté une photo en décembre 2019 sur Instagram et a indiqué se trouver « en Europe ».

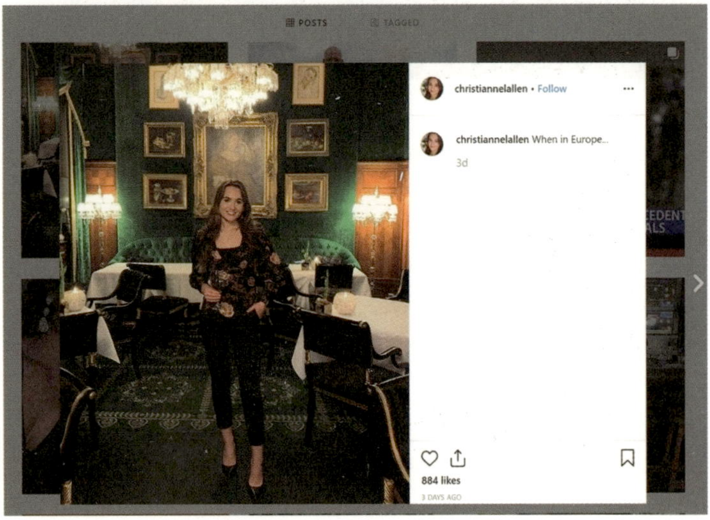

Publication sur le compte Instagram de Christianné Allen[80].

Pour savoir où cette dernière se trouvait exactement, certains enquêteurs en ligne comme Aric Toler du collectif Bellingcat[81] ont expliqué qu'il fallait tromper les algorithmes des moteurs de recherche d'image inversée pour obtenir un résultat intéressant. Pour ce faire, il a pixellisé l'intégralité du corps de Christianné Allen, et recherché cette nouvelle photo sur Yandex Images.

À gauche, photo pixellisée de Christianné Allen.
À droite, résultat obtenu via Yandex Images montrant le même endroit[82].

Ainsi, le moteur de recherche ne s'est pas concentré sur la silhouette ou le visage de cette personne, mais sur le décor. Cette astuce a permis de faire ressortir un résultat qu'il n'était pas possible d'obtenir en cherchant la photo dans son intégralité : celui du Grüne Bar de Vienne, en Autriche. Cet exemple montre que ces outils peuvent confirmer l'information initiale (Christianné Allen était bien en Europe) et permettent d'aller plus loin (trouver le lieu exact où la photo a été prise).

Comment exploiter les outils forensiques et les métadonnées ?

Il est plutôt rare, dans le milieu de la désinformation, de croiser des manipulations basées sur des photomontages ou des manipulations graphiques. Bien plus difficiles à fabriquer pour être crédibles, elles ne font souvent pas le poids face à une simple photo sortie de son contexte. Avec environ sept ans de recul sur la thématique de la désinformation en images, et même s'il est difficile de donner des statistiques à ce sujet, ce type de cas ne représente qu'environ 10 % des tentatives de manipulation. S'ils sont bien plus rares, ils ne sont pas non plus à prendre à la légère, et un bon photomontage peut être très difficile à détecter.

Heureusement, une image modifiée graphiquement laisse des traces, détectables par certains outils en ligne, dont la plupart sont gratuits. On les appelle les outils forensiques, dérivés de l'anglais *forensics*, synonyme d'investigation numérique. S'ils peuvent paraître assez peu faciles à prendre en main, ils permettent de donner une première indication sur l'authenticité d'une photo.

Pour en savoir plus sur ces outils, et sur leur utilisation pour détecter les manipulations graphiques, flashez le QR code suivant.

Les métadonnées sont des informations cachées mais associées à une photo permettant de donner plus de détails sur celle-ci, comme la date de prise de vue ou l'appareil utilisé pour prendre la photo. Dans certains cas, vous pouvez même vérifier l'endroit où la photo a été prise, si celle-ci a été faite avec un téléphone portable dont la localisation était activée à ce moment-là.

Pour trouver les métadonnées de base, sur votre ordinateur, il suffit généralement d'un clic droit sur une photo, et de consulter les « Propriétés ». Dans l'onglet « Détails », vous pouvez trouver des premiers éléments tels que la date. Des outils en ligne permettent également d'afficher ces données plus précisément. Des sites comme Metadata2go ou Exif.tools permettent ainsi de télécharger votre photo et d'afficher toutes les données cachées associées à votre image.

Ces données peuvent apporter de précieux indices sur l'authenticité d'une image, car il est parfois possible d'y détecter des incohérences : par exemple, elles peuvent révéler une date de prise de vue qui ne correspond pas à celle diffusée dans une légende sur les réseaux sociaux, ou encore montrer que la photo a été prise à un endroit du globe différent du contexte dans laquelle l'image circule.

Basic Image Information

Target file: IMG_0384.JPG

Camera:	Canon EOS 1100D
Lens:	Canon EF-S 18-55mm f/3.5-5.6 [II] Shot at 22 mm
Exposure:	Auto exposure, Program AE, 1/49 sec, f/4, ISO 100
Flash:	Off, Did not fire
Focus:	One-shot AF, with a depth of field of from 1 m to 0.77 m. AF Area Mode: Single-point AF
Date:	**November 20, 2014** 9:53:51AM (timezone not specified) (2 years, 7 months, 12 days, 12 hours, 34 minutes, 1 second ago, assuming image timezone of US Pacific)
File:	**720 × 480** JPEG 265,967 bytes (260 kilobytes)

Exemple de métadonnées affichées avec un outil en ligne.
Le site détecte l'appareil utilisé pour la photo (Canon EOS 1100D) et indique la date de prise de vue (20 novembre 2014).

La vérification des métadonnées est une technique fréquemment utilisée dans le milieu du *fact-checking* pour confronter les auteurs supposés d'une photo ou d'une vidéo. Relever une incohérence entre une photo et les métadonnées qu'elle contient ne manquera pas d'alerter sur la crédibilité de son auteur.

Cependant, deux éléments importants sont à considérer :

1. Les métadonnées apparaissent sur des contenus numériques originaux, mais sont généralement supprimées lorsqu'ils sont diffusés sur les réseaux sociaux ou via des applications de messagerie instantanée. Il est donc souvent inutile de vérifier les métadonnées d'une photo prise sur Facebook, X ou WhatsApp, cela ne donnera aucun résultat si vous n'avez pas l'image originale.
2. Il est possible de modifier les métadonnées d'une photo avec l'aide d'outils en ligne. Ainsi, une date ou une information y apparaissant ne sont pas parole d'évangile.

En résumé

- ✓ La recherche d'image inversée est une base technique et le premier réflexe à adopter face à une image douteuse.
- ✓ Il existe autant de résultats que de moteurs de recherche : il ne faut donc pas hésiter à utiliser plusieurs de ces sites en ligne en croisant les résultats pour multiplier ses chances de retrouver la source d'une image.
- ✓ Installer une application de recherche d'image inversée directement sur son téléphone portable peut permettre de vérifier l'origine d'une image en moins de trente secondes.
- ✓ Trouver l'origine d'une image nécessite parfois d'être créatif : celui qui la diffuse n'a-t-il pas essayé de modifier graphiquement le contenu pour le rendre difficile à retrouver ? L'image est-elle inversée, ou peut-être altérée ?

Chapitre 5

Enquêter sur des vidéos

Retrouver l'origine d'une vidéo est, de mon expérience, plus répandu que la vérification de photos. C'est aussi une tâche parfois plus compliquée, mais le principal avantage, c'est que la logique sera extrêmement proche de la recherche d'image inversée.

D'emblée, et avant toute considération technique, gardez à l'esprit que, bien qu'il n'existe pas de statistiques à ce sujet, selon mes estimations, 80 à 85 % des cas que vous rencontrerez concerneront des vidéos authentiques, dont la légende a été modifiée ou manipulée pour en changer le contexte initial.

Il est plutôt rare de tomber sur des vidéos modifiées graphiquement ou fabriquées de toutes pièces car, outre l'aspect particulièrement chronophage, cela implique d'avoir une maîtrise technique des outils d'édition afin de créer un contenu crédible. Pourquoi ceux qui souhaitent désinformer perdraient-ils du temps à créer des faux, alors qu'il est plus facile d'utiliser un contenu déjà existant et d'en modifier le sens pour prétendre montrer une réalité alternative ?

En gardant ce point à l'esprit, voyons d'abord en quoi enquêter sur une vidéo est à la fois proche et différent d'une recherche d'image inversée, puis, pour entrer dans le vif du sujet, je vous proposerai les outils disponibles et des illustrations concrètes.

Les différences avec une recherche d'image inversée

Une vidéo est composée de plusieurs images permettant de créer une animation. Mais surtout, toute vidéo postée sur les réseaux sociaux, qu'il s'agisse de Facebook, YouTube, X ou Instagram, dispose d'une image associée qu'on appelle *thumbnail* en anglais, ou « vignette » en français.

Dans la très grande majorité des cas, cette vignette n'est pas modifiée par ceux qui diffusent un contenu manipulatoire, soit parce qu'ils n'en ont pas le temps (par exemple, pour une miniature sur YouTube), soit parce que ce n'est pas possible (par exemple, pour les comptes non payants sur X). Rechercher une vidéo revient en fait principalement à trouver les traces de sa vignette sur les moteurs de recherche, donc à faire une recherche d'image inversée sur une image fixe de la vidéo.

Cela dit, la question qui vous vient sûrement est : « Mais comment trouver cette fameuse vignette, celle qui va permettre de retrouver la trace de la vidéo que je recherche ? » Pendant longtemps, faute d'outil, la technique consistait à réaliser une capture d'écran de la vidéo en question, qui correspondait généralement à la première image de la vidéo, ou à une image médiane de celle-ci, puis d'en faire une recherche d'image inversée. Cette méthode, bien qu'elle puisse parfois donner des résultats intéressants, n'est pas forcément à privilégier, car elle se rapproche davantage d'une recherche à tâtons. Il existe aujourd'hui des outils capables de faire le travail à votre place et d'automatiser ce travail manuel fastidieux.

Les outils en ligne pour la recherche vidéo

À la différence des nombreux outils de recherche d'image inversée, il en existe peu, ouverts au grand public, qui permettent de chercher l'origine d'une vidéo. Voici les deux principaux à connaître.

- **YouTube Data Viewer**

Développé en 2014 par l'ONG Amnesty International, pendant longtemps, YouTube Data Viewer[83] était le seul moteur de recherche de vidéo existant. Comme son nom l'indique, cet outil ne fonctionne que pour des vidéos hébergées sur YouTube, mais son utilisation est simple : il suffit d'y renseigner l'URL d'une vidéo, et ce dernier affiche non seulement l'heure et la date exacte de publication, mais aussi quatre vignettes, les fameuses *thumbnails*, permettant de faire une recherche d'image inversée.

L'outil reste très intéressant, car il est capable de générer automatiquement la vignette pertinente correspondant à la vidéo que vous cherchez, et ainsi, vous permettre de trouver où votre vidéo a déjà été postée dans le passé. Souvent, cela permet d'identifier un tout autre contexte, bien éloigné du titre ou de la légende de la vidéo.

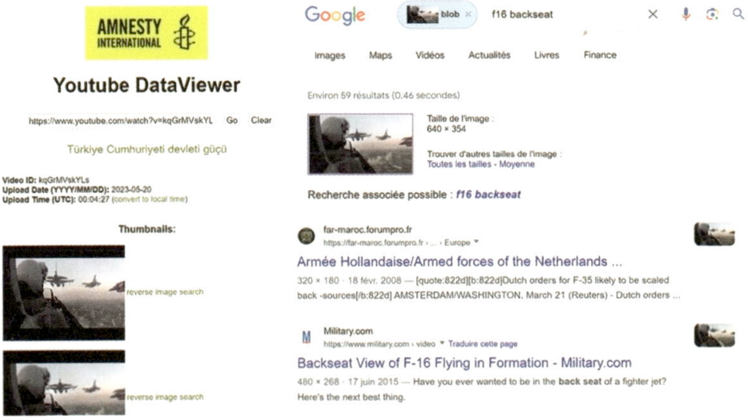

Dans cet exemple, une vidéo a été présentée comme une opération militaire turque. En recherchant la vidéo dans YouTube Data Viewer, on repère rapidement dans les résultats Google une vidéo datant de mai 2013 montrant un vol de l'armée des Pays-Bas.

Malheureusement, du propre aveu des équipes du Citizen Lab d'Amnesty International, cet outil n'est plus aussi stable, notamment suite à la priorisation de Google Lens sur Google Images (voir le chapitre précédent). L'outil est donc à connaître, mais il n'est pas le plus performant à ce jour.

- **InVID-WeVerify**

Pour faire de la recherche contextuelle sur des vidéos, cette extension gratuite, ou plugin, est indispensable. Elle n'est disponible que sur Google Chrome mais, une fois installée, elle est visible dans votre liste d'extensions, en haut à droite du navigateur.

Après avoir téléchargé l'extension en cliquant sur le bouton à gauche « Chrome », un bouton apparaît en haut à droite du navigateur.

Pour avoir accès à InVID-WeVerify, cliquez sur le bouton affichant son logo, puis sur « Ouvrir le plugin » (étape 1, dans le visuel ci-après). Vous pouvez dans un premier temps le configurer en français (en haut à droite). L'extension peut paraître assez complexe à aborder de prime abord, car elle comporte beaucoup d'options. Cependant, celle qui nous intéresse en priorité se limite à l'onglet vidéo (étape 2) et en particulier au niveau de l'outil « Images clés » (« *Keyframes* » si l'outil est en anglais, étape 3).

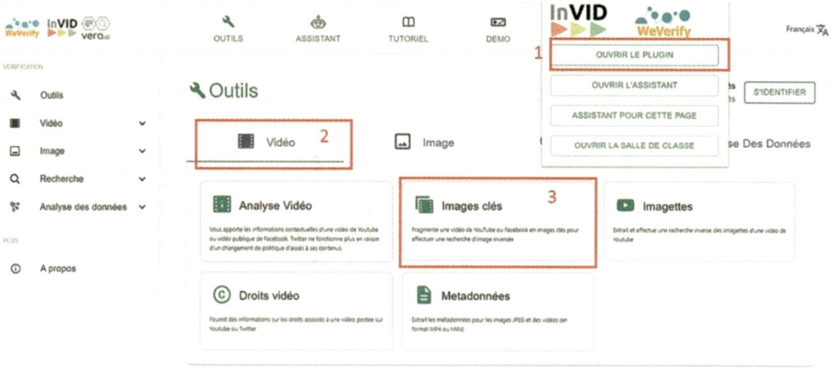

Une fois le plugin ouvert (1), affichez l'onglet « Vidéo » (2) puis « Images clés » (3), pour avoir accès à l'outil de recherche de vidéo.

Dans « Images clés », vous avez deux possibilités :

– Renseigner un lien de votre choix, provenant de n'importe quelle plateforme abritant des vidéos (YouTube, Facebook, X, TikTok, Instagram, Dailymotion…) ; ou
– Charger un fichier vidéo directement dans l'outil, par exemple une vidéo qui vous a été envoyée par e-mail ou sur WhatsApp.

Une fois l'URL renseignée ou votre fichier chargé dans l'outil, ce dernier va découper la vidéo en plusieurs vignettes correspondant à plusieurs captures d'écran de votre vidéo. À la différence du YouTube Data Viewer qui ne proposait que quatre vignettes, InVID-WeVerify en présente plusieurs dizaines selon la longueur de votre vidéo. Vous aurez ainsi plus de possibilités pour effectuer une recherche d'image inversée à partir des vignettes de votre vidéo.

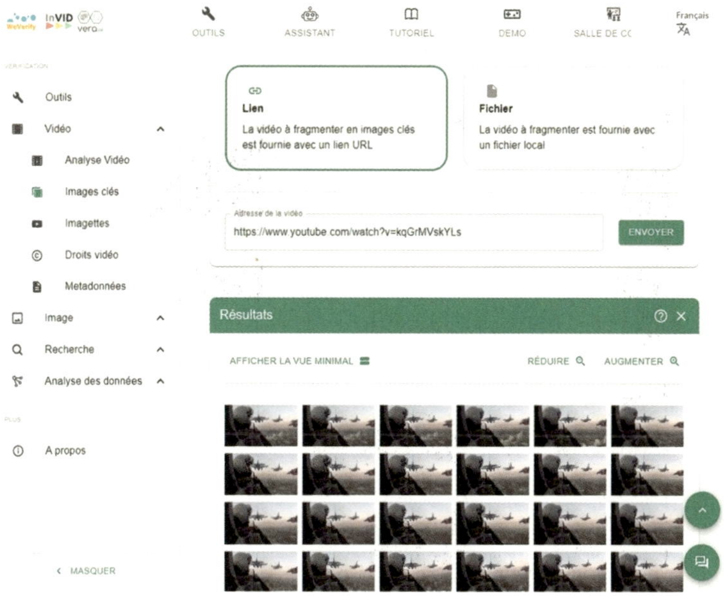

Dans l'exemple ci-dessus, la même vidéo prétendant montrer une opération militaire turque a été renseignée dans l'outil. InVID-WeVerify offre une vingtaine de résultats correspondant à plusieurs moments de la vidéo.

En cliquant sur l'une des vignettes, la recherche d'image inversée sera effectuée par défaut sur Google Images. De la même façon que dans l'exemple précédent, l'outil permet d'afficher des résultats pertinents dirigeant vers des sites sur lesquels la vignette associée à cette vidéo a déjà été postée. Le principal désavantage est le nombre important de vignettes proposées qui rend parfois la recherche plus fastidieuse, certaines images ne renvoyant à aucun résultat.

En revanche, l'extension InVID-WeVerify a pour avantage de permettre, grâce à un clic droit sur n'importe quelle vignette, de rechercher l'image sur un autre moteur de recherche de votre choix comme Yandex, TinEye ou Bing. Vous pouvez même parcourir l'ensemble de ces moteurs de recherche d'image inversée en cliquant sur « *Image Reverse Search – ALL* », ce qui ouvrira huit onglets vous permettant de comparer les résultats.

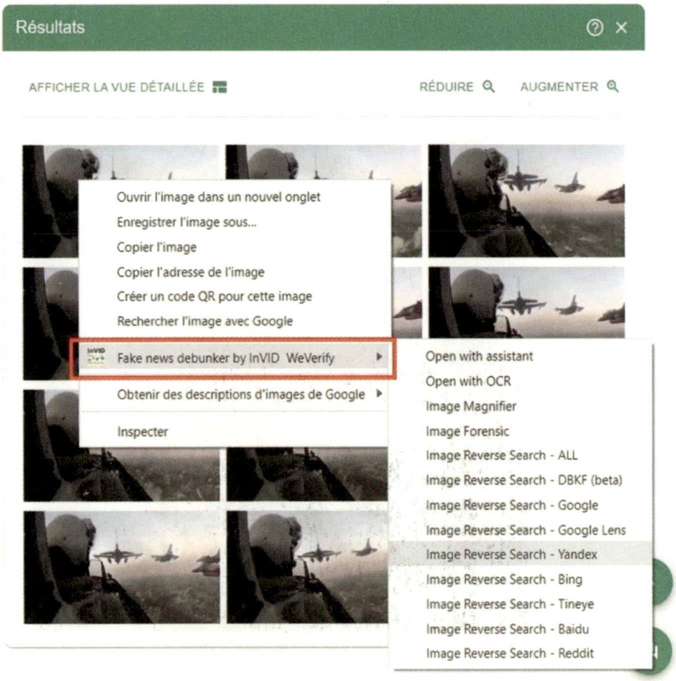

En faisant un clic droit sur l'image, au niveau de la ligne « *Fake news debunker by InVID-WeVerify* », vous pouvez choisir le moteur de recherche d'image inversée de votre choix.

Les étapes clés pour vérifier techniquement une vidéo

Nous allons détailler dans les lignes suivantes les étapes à respecter afin de vérifier l'origine d'une vidéo pas à pas, le tout autour d'un exemple concret. L'objectif qui reste prioritaire, loin d'être le plus évident, est de trouver sur les moteurs de recherche l'occurrence la plus ancienne possible de la vidéo sur laquelle on enquête.

La « discothèque halal » de Djeddah

En 2019, une vidéo prétend montrer des manifestants qui s'en seraient pris à une boîte de nuit désignée par de nombreux médias comme la « discothèque halal » de Djeddah, en Arabie Saoudite. Sur la vidéo, filmée de nuit, on ne voit pas grand-chose, si ce n'est de la fumée et des gens s'enfuir, pendant qu'une sirène de police retentit au loin.

Capture d'écran d'une vidéo diffusée sur YouTube Shorts, prétendant montrer l'attaque de la « discothèque halal » de Djeddah, en Arabie Saoudite.

- **Étape 1 : récupérer l'URL de la vidéo**

Pour vérifier cette vidéo, il faut d'abord récupérer son URL, souvent en faisant un clic droit sur la vidéo, ou bien la télécharger directement. Vous pouvez également installer une extension permettant de récupérer des vidéos en ligne, comme Video Download Helper ou encore Video Downloader Plus.

- **Étape 2 : utiliser l'outil de recherche vidéo de votre choix**

Ici, nous utilisons InVID-WeVerify (YouTube Data Viewer fonctionnerait également, la vidéo que nous vérifions étant hébergée sur YouTube). L'outil génère plusieurs captures d'écran. Il convient de se concentrer sur les images les plus pertinentes, correspondant à la vidéo recherchée.

Dans l'exemple ci-après, les logos de la page YouTube (les trois premières vignettes), les images trop sombres (avant-dernière et antépénultième vignettes) et les crédits de fin de vidéo (dernière vignette) ne sont pas des images pertinentes à rechercher.

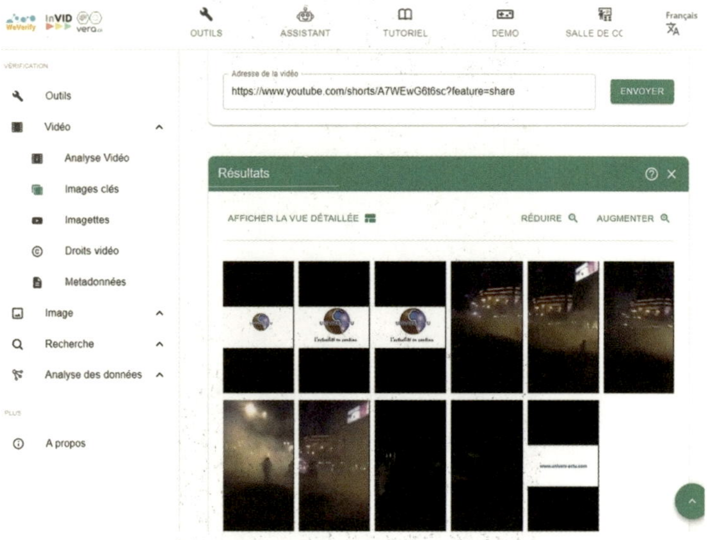

Pour une recherche efficace, mieux vaut se concentrer sur les images 4 à 8, les autres étant trop sombres ou ne correspondant pas à la vidéo recherchée.

- **Étape 3 : chercher dans « Voir la source de l'image »**

Pour trouver des résultats pertinents, Google Lens s'avère souvent peu efficace. En revanche, en cliquant sur « Voir la source de l'image », au-dessus de votre capture d'écran de la vidéo, vous afficherez tous les résultats indexés. Ici, en faisant défiler les résultats, l'occurrence la plus ancienne trouvée remonte à 2014 et indique une vidéo prise au Koweït.

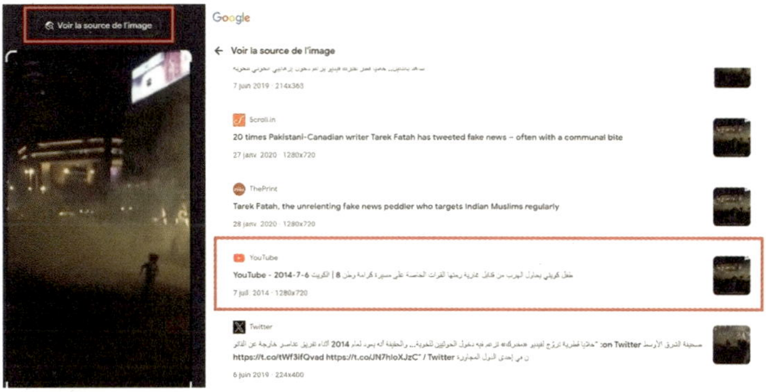

En cliquant sur « Voir la source de l'image », le moteur de recherche d'image inversée de Google propose des résultats remontant au 7 juillet 2014, indiquant une scène prise au Koweït.

- **Étape 4 : borner la recherche dans le temps ou chercher par « images similaires »**

Pour maximiser les chances de trouver la première occurrence d'une vidéo, servez-vous du filtre chronologique de Google permettant de borner dans le temps les recherches affichées. Pour cela, utilisez l'outil Google Images et non Google Lens. En cherchant les résultats pour votre vidéo, et en reculant dans le temps année par année, il est possible de retrouver la première occurrence de la vidéo indexée par Google.

Ici, par exemple, nous avons cherché la vidéo en bornant dans le temps du 1er janvier au 31 décembre pour toutes les années depuis 2019, date où la vidéo avait été diffusée accompagnée d'une légende la rattachant à la discothèque halal de Djeddah.

En reculant jusqu'en 2014, Google n'affiche plus qu'un seul résultat : une vidéo datant de juillet 2014, prouvant que la scène n'est pas récente. La recherche par « apparence similaire » donne parfois des résultats connexes permettant de retrouver la vidéo recherchée.

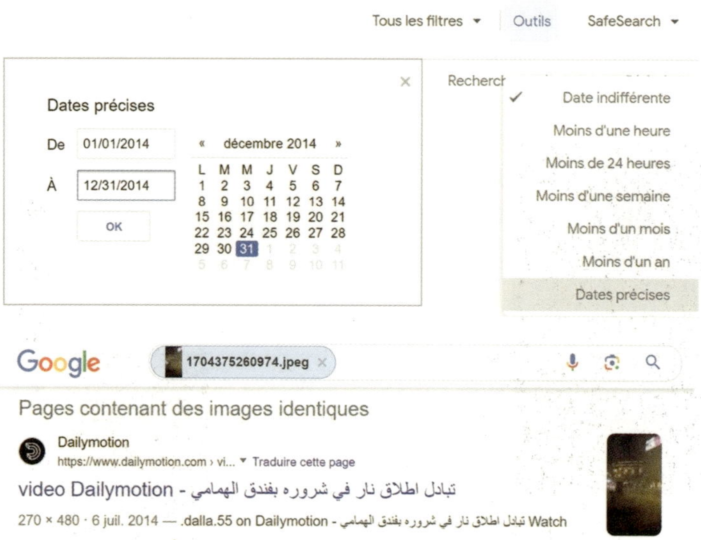

En sélectionnant l'onglet « Outils » puis « Dates précises », nous cherchons cette vidéo entre le 1er janvier 2014 et le 31 décembre 2014, puis nous trions par « images similaires ». Une vidéo datant de 2014 émerge, prouvant que la scène n'est pas récente.

Si cette démonstration permet d'affirmer que la vidéo est ancienne, d'autres étapes peuvent être utiles pour en finaliser la vérification. Car cela ne signifie pas avec certitude que la légende de la vidéo retrouvée est exacte (voir p. 131).

Les techniques pour contourner les altérations d'une vidéo

Comme pour les photos, des vidéos peuvent volontairement être altérées dans le but de tromper les moteurs de recherche, et rendre ainsi plus difficile l'enquête pour retrouver son origine. À travers les deux cas pratiques étayés ci-après, vous trouverez quelques astuces pour contourner ces manipulations.

La « police française assassinant » un « Africain »

En avril 2018, une vidéo montre prétendument une scène dans un commissariat français, où des policiers auraient violemment frappé un ressortissant d'un pays africain. La vidéo a une particularité : elle est filmée sur un écran de téléphone portable, avec un texte visiblement publié sur l'application Messenger de Facebook.

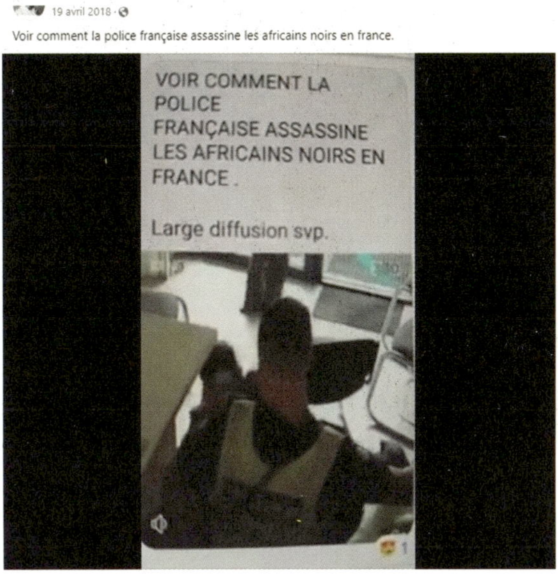

Capture d'écran d'une publication Facebook prétendant montrer une agression par la police française.

Or, l'utilisation de cette simple technique altère les résultats des moteurs de recherche : la vidéo recherchée ne sera pas uniquement la seule scène d'une extrême violence, mais l'ensemble de la vidéo.

Pour être efficace, il faut centrer la recherche uniquement sur la partie pertinente de la vidéo, c'est-à-dire l'espace carré correspondant à la vidéo où l'on voit un policier frapper un homme à terre. Ce recadrage peut être effectué manuellement, en rognant une capture d'écran de la vidéo, ou via les outils de recadrage de Google Lens ou Yandex par exemple.

En effectuant ce recadrage, on retrouve le contexte de la scène dans un article du média australien *The Age*, indiquant qu'un Soudanais a été battu par la police de Melbourne le 3 avril 2018.

En recentrant la recherche seulement sur la vidéo, l'outil de Google Lens fait apparaître le résultat d'un incident en Australie.

Que retenir de cet exemple : pour obtenir des résultats pertinents, il faut parfois recadrer la recherche d'une vidéo sur la partie « utile », celle qui permet de faire apparaître des occurrences dans les moteurs de recherche, et exclure les aspects superflus pouvant biaiser les résultats, comme les textes, les ajouts de mots ou de logos, voire de filigranes.

L'explosion de l'usine Lubrizol

Le 26 septembre 2019, les habitants de Rouen, en Seine-Maritime, sont réveillés par l'explosion de l'usine Lubrizol. Et sur X, une vidéo supposée de l'incident émerge d'un utilisateur qui affirme qu'elle a été « prise par l'un de [s]es amis encore sous le choc ».

Une publication sur X prétend montrer l'explosion de l'usine Lubrizol du 26 septembre 2019.

Une recherche de la vidéo en 2019 ne permet de faire ressortir aucun résultat, et pour cause : la vidéo a été altérée pour tromper les moteurs de recherche. Afin de retrouver des occurrences, il est nécessaire de retourner l'image horizontalement pour effectuer une nouvelle recherche. Celle-ci permet de retrouver des vidéos prouvant que l'explosion a été filmée non pas à Rouen, en France, mais à Tianjin, en Chine, lors d'explosions dans une zone industrielle le 12 mai 2015. La vidéo a simplement été retournée et légèrement recadrée.

Vidéo YouTube de la même explosion ayant
eu lieu le 12 mai 2015, en Chine. Le sens a été inversé
pour tromper les moteurs de recherche[84].

Que retenir de cet exemple : de la même manière que les photos, des vidéos peuvent être altérées en changeant leur orientation pour biaiser les moteurs de recherche. Il peut parfois être utile d'appliquer une symétrie horizontale pour vérifier ce que donne une nouvelle recherche d'image inversée. À noter cependant que, depuis les récentes évolutions des moteurs de recherche d'image inversée, la plupart des outils parviennent à détecter ces modifications et à reconnaître une vidéo en miroir.

En résumé

- ✓ Pour rechercher l'origine d'une vidéo, munissez-vous de l'extension InVID-WeVerify, meilleure option à ce jour, et entraînez-vous à utiliser l'outil dès que le doute se présente !
- ✓ Procédez méthodiquement avec une vidéo en observant ses vignettes une par une et en bornant votre recherche dans le temps.
- ✓ Des subterfuges peuvent être utilisés pour altérer une vidéo, et donc les résultats : recadrage, inversion de la vidéo... Pensez aux différentes configurations possibles si vous vous sentez bloqué !

Chapitre 6

Aller plus loin dans la vérification

Les outils de vérification dont nous avons parlé précédemment ont été une bouffée d'oxygène pour les journalistes spécialistes de la vérification. Ils ont rendu plus fluide et plus rapide la recherche des sources d'un contenu, là où auparavant il fallait parfois rivaliser d'ingéniosité pour y parvenir, en faisant souvent le travail manuellement. Leur utilité n'est pas à contester. Mais, comme tout outil, ils ont leurs limites et surtout ils sont à exploiter avec précaution, car ils ne sont pas magiques. Ils peuvent même, dans le pire des cas, vous induire en erreur.

Aussi, si maîtriser ces outils est indispensable pour être bien armé, il ne faut pas oublier l'essentiel d'une bonne vérification : la réflexion humaine, en utilisant ses sens, sa logique et parfois même son intuition. C'est souvent un détail anodin qui vous mettra la puce à l'oreille, sans avoir besoin de vous lancer dans des recherches fastidieuses.

Dans ce chapitre, on prendra donc le temps d'aborder à la fois les limites des outils étudiés précédemment, mais aussi les bons réflexes qui peuvent vous aider à ne pas tomber dans le piège d'une vérification trop dépendante de la technique. Il existe même une communauté de passionnés dédiée à la transmission des connaissances pour parfaire vos vérifications.

Les moteurs de recherche peuvent se tromper

Les moteurs de recherche sont loin d'être infaillibles, et ils peuvent même fournir une réponse erronée : dépendants des algorithmes, ils feront ressortir les résultats jugés les plus pertinents en fonction de l'image ou de la vidéo que vous recherchez. En d'autres termes, si l'image a davantage circulé dans un faux contexte que dans son cadre réel, ce sont ces faux contextes que les moteurs de recherche vous proposeront en priorité. Il pourra s'avérer parfois fastidieux de retrouver le contexte réel initial.

La bonne attitude est de ne jamais se fier avec certitude aux résultats d'une première recherche, d'autant plus si la source ne semble pas solide. Par exemple, si une recherche d'image inversée vous conduit vers une vidéo publiée sur Facebook ou sur X par un inconnu ou un compte obscur, cela ne peut pas constituer une source fiable.

En revanche, si vos recherches vous mènent vers une vidéo hébergée sur plusieurs médias professionnels qui ont documenté le contenu que vous recherchez, il y a beaucoup plus de raison d'être certain de la véracité de la photo ou de la vidéo. Chercher l'occurrence la plus ancienne reste souvent le meilleur moyen de lever le doute sur l'origine d'une photo ou d'une vidéo.

La photo du camion-citerne en République démocratique du Congo

Attention, la photo suivante peut choquer les plus sensibles

La photo de l'accident d'un camion-citerne à Sange, en République démocratique du Congo, en 2010, ayant fait deux cent trente-cinq victimes, est peut-être l'une des photos les plus emblématiques des failles des moteurs de recherche.

L'image, très choquante, et dont vous avez un aperçu ci-après, montre plusieurs dizaines de corps calcinés au sol. L'incident est plutôt documenté, et le contexte est clair.

Photo montrant les conséquences de la catastrophe de Sange, en République démocratique du Congo[85].

Pourtant, l'image a été associée à de nombreuses situations sans relation avec cela : massacres de chrétiens par Boko Haram au Nigeria, tuerie de masse de Rohingyas en Birmanie ou encore allégations de massacre lors de la crise politique ivoirienne en 2011.

En 2017, lors d'une étude sur les cas de désinformation les plus redondants concernant des actualités du continent africain[86], j'avais pu constater qu'une recherche d'image inversée avec cette photo permettait de trouver 648 résultats sur Google, dont 8 remontant à un article évoquant l'incident en RDC ou à des articles traitant de l'intox. C'est-à-dire que 640 résultats associaient la photo à un contexte erroné.

En 2023, dans une moindre mesure, c'est toujours le cas : si les premiers résultats pointent bien vers l'accident de Sange, les occurrences les plus nombreuses renvoient toujours vers des tueries de masse tantôt de chrétiens, tantôt de musulmans.

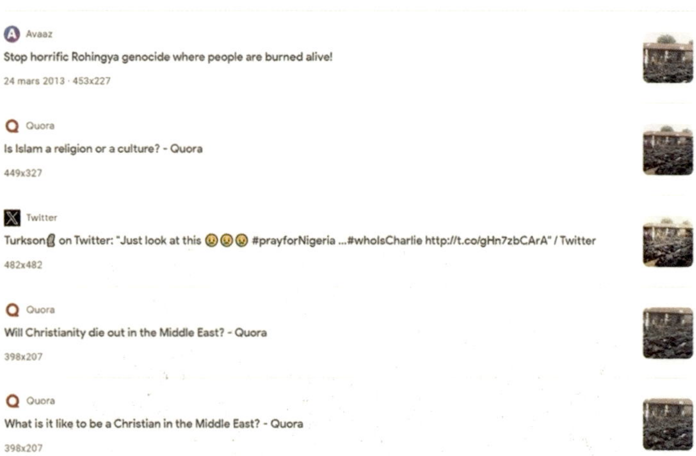

Capture d'écran de quelques résultats associant cette photo à de faux contextes, en 2023.

En novembre 2023, j'ai échangé avec Alain Wandimoyi, journaliste auteur de la photo, dont le souvenir de cet accident le hante encore: « Lorsque je passe sur ce tronçon de route, l'image me revient à l'esprit. » Pour lui, « voir une réalité déformée pour des raisons partisanes » revient à « se moquer de la mémoire des victimes ».

L'homme au T-shirt rouge au Togo

Pour découvrir un autre cas de vidéo pour laquelle retrouver la trace a été complexe, flashez le QR code suivant.

Que retenir de ce type de situation ? Dans de nombreux cas, une simple recherche d'image inversée s'arrêtant au premier résultat disponible, ou à celui apparaissant à de nombreuses reprises, peut mener à des pistes erronées, ne permettant pas d'identifier le véritable contexte. Les fausses informations l'emportent sur la réalité des images, car les algorithmes des moteurs de recherche indexent en majorité des contenus erronés. Ce sont donc eux qui apparaissent en priorité.

Ne pas s'arrêter à la première réponse donnée par un moteur de recherche est ainsi essentiel pour mener une bonne vérification, en particulier si le contexte proposé vient d'une source peu fiable, non journalistique ou insuffisamment documentée.

Vos sens sont vos meilleurs atouts

Pour enquêter sur une photo, mais surtout sur une vidéo, mettre en éveil ses sens est essentiel. Observation et écoute seront de précieux atouts à la recherche d'indices. Voici quelques conseils illustrés pour savoir à quoi être attentif.

- **L'observation**

Pas de bonne vérification sans scanner chaque indice du contenu que vous vérifiez. Le diable se cache souvent dans les détails, et une vidéo ou une photo comporte de nombreuses informations qu'il faut analyser avec minutie : un panneau au second plan, un objet visible quelques secondes, un badge sur un vêtement... Chaque petit élément, aussi subtil soit-il, peut vous éclairer sur le contexte.

Le sac dans « l'usine de riz en plastique »

En 2017, j'enquête sur des allégations de riz en plastique fabriqué pour les marchés africains. Des vidéos prétendent montrer le processus de fabrication de ce riz : on y voit quelqu'un filmer, dans une usine, des machines qui semblent broyer du plastique, qui ressort sous la forme de granulés ressemblant à du riz.

C'est un détail visible sporadiquement dans la vidéo qui confirme une intuition : un sac blanc avec une bande orange sur lequel on peut lire « EVA ». Cet acronyme signifie « *Ethylene Vinyl Acetate* » en anglais, c'est-à-dire de l'éthylène-acétate de vinyle, matériau souvent utilisé dans la production de colles industrielles.

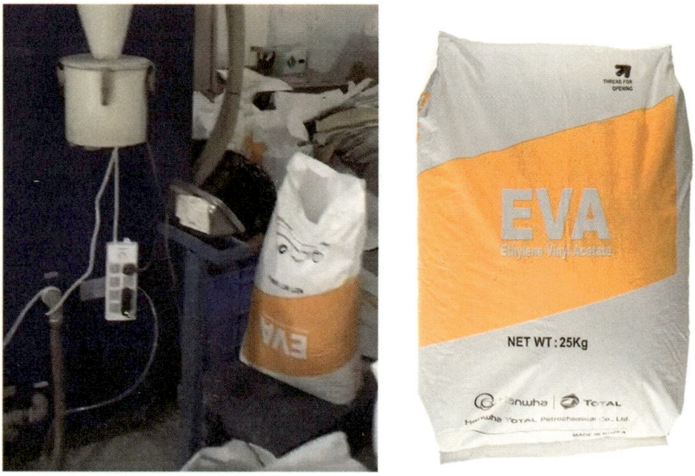

Un sac, visible quelques secondes dans la vidéo (à gauche) contient de l'éthylène-acétate de vinyle, dont le sac est trouvable sur Internet (à droite).

Cet indice permet de prouver, par comparaison avec d'autres vidéos présentant le processus de fabrication de ce matériau, que la scène n'a rien à voir avec la production de riz.

- **Écouter avec attention**

Le son est souvent un aspect délaissé de l'analyse des contenus : nous avons l'habitude de regarder des vidéos sur les réseaux sociaux qui se jouent automatiquement sans le son, et n'avons pas toujours le réflexe de le réactiver. Pourtant, l'univers sonore est tout aussi important que les détails de l'image : il peut révéler des mots dans une langue identifiable, permettre d'entendre où et quand une vidéo a été filmée, ou donner un indice permettant de faire avancer votre enquête.

Des « mercenaires étrangers » brutalisant des Peuls au Mali

Avril 2019 : je suis alerté sur une vidéo où des hommes sont violemment frappés par des individus en uniforme militaire. Les images sont censées montrer comment des « mercenaires étrangers » s'en sont pris à la communauté peule lors de l'attaque d'Ogossagou au Mali ayant fait au moins cent soixante morts le 23 mars 2019.

Capture d'écran de la vidéo prétendant montrer des « mercenaires étrangers » tabasser des Peuls au Mali, en mars 2019.

Deux indices sonores permettront de retrouver la source de la vidéo :

1. Le premier est assez dérangeant, et pourtant important pour la vérification : lorsque des hommes sont fouettés par les militaires, ils s'écrient « *wayo* », équivalent du « aïe » français. Or, « *wayo* » est une interjection en hausa, principale langue parlée au Nigeria, mais pas au Mali ;

2. Une phrase en anglais, identifiée par un confrère habitué de l'accent nigérian : « Nous ne sommes pas Sharan Daji, nous sommes l'opération 777. » Cette phrase est clé, puisqu'elle renvoie à deux opérations de l'armée nigériane, lancées en 2016 puis 2019, pour contrer le banditisme armé et le vol de bétails.

Muni de ces deux éléments, j'ai contacté l'armée nigériane pour l'interroger sur cette vidéo, et j'ai obtenu la confirmation que la scène avait été filmée non pas au Mali, mais au Nigeria, dans la région de Zamfara. Une enquête a par la suite été ouverte par l'armée pour « utilisation de méthodes corporelles grossières et non autorisées ».

- **... Cependant, attention au son !**

Si les indices sonores peuvent aider à la vérification, il convient de rappeler ici que le son d'une vidéo peut très facilement être remplacé par un autre son totalement étranger à cette vidéo. Restez donc prudent vis-à-vis des éléments sonores. La règle reste toujours la même : vérifiez s'il existe d'autres vidéos avec un son concordant. Si vous trouvez une vidéo similaire dont le son est totalement différent, c'est qu'il y a anguille sous roche !

Les conseils oubliés... à ne pas oublier !

Enquêter sur un contenu ne nécessite pas toujours de maîtriser des outils, ou de se lancer dans des enquêtes complexes. De simples réflexes de bon sens peuvent suffire à élucider le cas auquel vous faites face.

- **Chercher par mots-clés**

Que voyez-vous dans cette photo ou dans cette vidéo ? Plus précisément, posez-vous la question : « Comment pourrais-je retrouver la vidéo si je devais la décrire avec des mots-clés ? » En recherchant sur Google, sur X, sur Facebook, voire sur TikTok, cette technique peut faire apparaître la vidéo que vous cherchez dans la liste des résultats. Pensez aussi à utiliser des mots-clés dans la langue du pays où vous supposez que la vidéo aurait pu être prise : si le contenu circule dans une zone anglophone, inutile de faire votre recherche en français, tout comme il est préférable de chercher des mots en espagnol si la vidéo est probablement filmée dans un pays d'Amérique latine hispanophone.

Soyez également attentif aux phrases que vous voyez, ou si par exemple des mots sont inscrits sur la vidéo : certains moteurs de recherche comme celui de Facebook sont capables de retrouver une vidéo à partir des mots qui y apparaissent.

Les cochons et le Covid-19

En février 2020, une vidéo assez choquante de cochons brûlés vivants est parvenue à la rédaction des Observateurs de France 24. La vidéo était associée à la pandémie de Covid-19, à l'origine supposée de la mort de ces animaux.

Capture d'écran d'un message WhatsApp transmis à la rédaction des Observateurs de France 24, en février 2020.

Une recherche d'image inversée peut bien entendu permettre de retrouver la source initiale de la vidéo. Mais plus simplement : que voit-on dans cette vidéo ? Des « cochons brûlés vivant ».

Chercher ce contenu en anglais avec les mots-clés « *pigs burnt alive* » suffit à retrouver l'origine de la vidéo, en affichant les résultats de la deuxième page de Google : elle a été prise en février 2019, c'est-à-dire avant le début de la pandémie de Covid-19, en Chine. Elle montre en réalité des cochons abattus à cause d'une épidémie de fièvre porcine.

- **Qualité dégradée : attention, danger**

La plupart des photos ou des vidéos utilisées pour de la désinformation sont des contenus copiés sur les réseaux sociaux auxquels un faux contexte a été accolé. Or, quand une photo ou une vidéo est dupliquée sur les réseaux sociaux, sa qualité est souvent dégradée, ou en tout cas moins bonne que le contenu original.

Ainsi, lorsqu'une photo vous semble de mauvaise qualité, ou qu'une vidéo est très pixellisée, il convient de redoubler de vigilance. Dégrader qualitativement une vidéo peut aussi permettre de cacher des détails importants nécessaires à la compréhension du contexte initial de la vidéo. Et en matière de vérification, il ne faut jamais se contenter de ce que l'on pense voir.

Nicolás Maduro salue une foule absente

En pleine élection présidentielle au Venezuela, en mai 2018, des internautes opposés à Nicolás Maduro, le président sortant, publient une vidéo où ce dernier salue la foule. Pourtant, la caméra montre que devant lui, il n'y a personne. Une façon pour ses opposants d'affirmer qu'il perd la tête. Problème : cette vidéo est très floue, et il est difficile d'en voir le contenu exact.

Capture d'écran d'une vidéo où Nicolás Maduro
semble saluer une foule invisible.

Pour comprendre ce qu'il se passe vraiment, il n'a pas fallu aller bien loin : sur les réseaux sociaux de Nicolás Maduro, on peut retrouver la vidéo en qualité maximale. Et sur celle-ci, on peut voir que la foule était bien présente au loin, derrière des grilles.

Capture d'écran de la vidéo originale publiée
sur la page Facebook de Nicolás Maduro[87].

- **Comparer les résultats pour trouver un détail rogné**

Sur le même principe, il est nécessaire de se demander si l'image est présentée dans son intégralité : a-t-elle été rognée, ou amputée d'une partie, qui permettait d'en comprendre le contexte, ou même de repérer un détail supplémentaire permettant d'identifier son origine ? Ceux qui cherchent à désinformer ont intérêt à masquer ces indices pour rendre plus difficile la recherche de la source.

La Lamborghini du « fils du président du Sénégal »

Courant août 2019, une vidéo fait scandale au Sénégal : on y voit un homme tenter de sortir d'une Lamborghini. Des internautes affirment alors qu'il s'agit d'Amadou Sall, le fils du président du Sénégal Macky Sall, au volant d'un véhicule d'une valeur de près de 2 millions d'euros. Une publication qui alimente les accusations d'un train de vie très dépensier de la famille présidentielle.

Capture d'écran d'une vidéo affirmant montrer Amadou Sall dans une Lamborghini.

La vidéo disponible occulte un détail important que j'ai pu retrouver grâce à une recherche d'image inversée : la même vidéo disponible sur YouTube est légèrement plus large, et surtout, inclut un filigrane pas visible dans la première vidéo. C'est le nom de l'auteur de la vidéo, Phil Varnado alias « The Famous Phil », un producteur américain postant régulièrement des vidéos humoristiques sur son compte Instagram. Il ne s'agissait donc pas d'Amadou Sall dans cette vidéo mais de quelqu'un qui lui ressemblait.

Capture d'écran de la vidéo originale montrant
le filigrane de l'auteur de la vidéo, @TheFamousPhil[88].

- **Trouver un autre angle de la même scène**

Ce n'est pas le conseil le plus facile à appliquer, mais il peut parfois donner une autre perspective face à une désinformation : essayer de trouver un autre angle de vue de la même scène permet de mieux en comprendre le sens, et ainsi faire apparaître des détails supplémentaires.

Mamoudou Gassama, cible des théories complotistes

Le 26 mai 2018, Mamoudou Gassama, jeune sans-papier malien vivant en France, sauve un enfant accroché à un balcon, dans le 18e arrondissement de Paris. La scène, filmée par des vidéastes amateurs, alimente les théories complotistes : certains ne comprennent pas qu'un voisin, qui semblait être en mesure de sauver l'enfant, ne l'ait pas fait. D'autres expliquent qu'il est impossible qu'un enfant si petit soit resté autant de temps suspendu à un balcon. L'objectif, selon eux : diffuser une belle histoire dans les médias pour valoriser l'apport de l'immigration. Le visuel ci-après est notamment partagé par Ladislas Poniatowski, sénateur Les Républicains de l'Eure, qui expliquera plus tard l'avoir partagé « comme un clin d'œil à la loi anti-*fake news*[89] » en France.

Exemple d'image affirmant que le sauvetage de Mamoudou Gassama est une mise en scène.

Or, toutes les analyses complotistes se basent sur des captures d'écran d'une seule vidéo, prise face à l'immeuble. Pour cet exemple, une vidéo filmée de biais permet d'apporter une explication aux deux précédentes interrogations : le voisin qui tenait le petit garçon était dans une position trop inconfortable pour pouvoir le hisser au-dessus du balcon. Quant au petit garçon, s'il s'est maintenu aussi longtemps avant l'arrivée de Mamoudou Gassama, c'est parce que ses pieds étaient posés sur les rainures du balcon, détail impossible à voir dans la vidéo de face.

Capture d'écran d'une vidéo de 20minutes.ch montrant un autre angle de vue de la scène de sauvetage par Mamoudou Gassama[90].

Les astuces pour finaliser une vérification

Dans le chapitre 5, p. 107, nous avons étudié le cas de la « discothèque halal » de Djeddah en Arabie Saoudite. Une recherche de la vidéo permettait de trouver assez rapidement que celle-ci apparaissait dans des moteurs de recherche à partir de 2014, mais pas forcément son origine exacte.

Alors, comment faire pour aller plus loin dans la vérification et trouver l'origine de la vidéo ? Flashez le QR code suivant pour découvrir la fin de cette enquête.

Aller plus loin avec l'OSINT

Tous les outils abordés précédemment s'inscrivent dans la grande catégorie des techniques de recherche en sources ouvertes désignées par le terme « OSINT » (*Open Source INTelligence*). Ce terme parapluie, à la mode dans le milieu du *fact-checking*, regroupe l'ensemble des techniques de recherche d'informations à partir de données ouvertes à tous. L'OSINT représente une étendue quasi infinie de données à qui sait chercher sur Internet.

Ce livre n'a pas vocation à développer toutes les techniques d'OSINT connues, car un tome 2 sur cette seule thématique serait nécessaire. Elles vont d'outils de *tracking* de bateaux ou d'avions, en passant par des sites permettant de réaliser des géolocalisations avancées, ou encore des plateformes pour récupérer des données disponibles publiquement concernant des individus, voire pour chercher en détail sur des comptes de réseaux sociaux.

S'intéresser à ces techniques est l'étape suivante pour qui veut renforcer ses connaissances en matière de vérification. Souvent ludiques et amusantes, elles se rapprochent de techniques d'enquêteur sur Internet. Développer son réseau et ses contacts dans ce domaine est aussi un bon moyen pour progresser dans le *fact-checking*. Pour conclure ce chapitre, voici donc quelques recommandations de sources pertinentes à suivre si vous souhaitez en savoir plus dans ce domaine.

- **Connaître les outils disponibles**

L'évolution des techniques de vérification est à mesurer en regard de l'évolution des techniques de désinformation : si les premières sont plus lentes que les secondes, s'informer régulièrement sur les outils disponibles permet d'avoir une longueur d'avance.

De nombreux professionnels de la vérification, ou passionnés d'OSINT, font régulièrement ce travail et le mettent à disposition du grand public. C'est notamment le cas de Julia Bayer, journaliste à la Deutsche Welle, qui tient à jour une liste d'outils très complète dans un espace en libre accès[91], qui recense les outils *open source* triés par catégorie (images satellites, outils météo, plaques d'immatriculation, etc.). Pour trouver cette liste, tapez dans la barre de recherche Google « *Julia Bayer toolkit* ».

En la matière, les pionniers restent le groupe d'enquête en ligne Bellingcat qui fait de l'OSINT son cheval de bataille depuis 2014. Un de leurs objectifs est de « rendre accessibles et publiques les informations utiles pour découvrir la vérité sur des crimes et violations des droits de l'homme[92] ». En ce sens, le groupe a l'habitude de rendre disponibles gratuitement et en toute transparence de nombreux outils en libre accès. Ces outils sont référencés dans un document en ligne que vous pouvez retrouver dans un moteur de recherche avec la phrase « *Bellingcat's Online Investigation Toolkit*[93] ». Y sont recensés plus de quatre cents outils libres dans des domaines variés, mais souvent en anglais.

Pour s'appuyer sur une ressource en français, une bonne option est de suivre les publications de l'association Open Facto, créée en 2019 dans le but de « fédérer et de promouvoir la scène OSINT francophone[94] ». Enfin, une ressource incontournable si l'OSINT vous passionne est l'*OSINT Newsletter*, lancée en février 2022 par Jake Creps[95]. Elle recense, en anglais et à raison de deux ou trois fois par semaine, toute l'actualité de l'OSINT avec les nouvelles astuces ou outils à connaître envoyés directement dans votre boîte mail.

- **GeoQuiz**

Vous aimez les défis de géolocalisation ? Un collectif en ligne propose chaque semaine des énigmes visuelles pour vous permettre de développer votre sens de l'observation et utiliser tous les outils possibles pour retrouver où une photo a été prise : le compte X @Quiztime animé par des journalistes et des bénévoles est une excellente ressource pour s'amuser et apprendre de nouvelles astuces.

De difficultés très variées, les exemples utilisés, parfois sous forme de vidéos, révèlent des conseils souvent méconnus en matière de vérification visuelle. Par exemple, à partir d'une photo prise dans un golf, il vous sera demandé de répondre au challenge en expliquant ce qui se trouve de l'autre côté de la prise de vue, ou parfois même de deviner le jour ou l'heure à laquelle la photo a été prise. C'est un bon moyen d'échanger avec des passionnés et de découvrir d'autres personnes qui pratiquent l'OSINT et souhaitant partager leurs connaissances.

- **Constituer son propre réseau pour en apprendre davantage**

Enfin, retenez que vous n'êtes pas seul ! Si les réseaux sociaux sont gangrenés par la désinformation, ils sont aussi un formidable espace où vous pouvez discuter avec des passionnés et des experts sur à peu près tous les sujets que vous pouvez imaginer. C'est ainsi que j'ai pu entrer en contact avec une spécialiste des oiseaux, et en particulier des corbeaux, une passionnée de vérification des fausses informations autour de l'histoire, ou encore un expert des cas d'intox sur les ovnis[g].

Dernier conseil, si vous avez une question sur un sujet ou si vous bloquez sur une vérification : n'hésitez pas à chercher s'il existe un utilisateur qui aurait déjà travaillé sur la situation, ou peut-être un expert sur une thématique en tapant quelques mots-clés dans les moteurs de recherche. Vérifier, c'est aussi s'entraider, et vous aurez peut-être vous aussi des connaissances dans des domaines susceptibles d'aider un autre utilisateur.

---

g Dans l'ordre de citation, Kaeli Swift @corvidresearch, Jo Edwige Teeuwise @FakeHistoryHunt, Scott Brando @ufoofinterest, sur le réseau X.

En résumé

- ✓ Les outils de vérification ne sont pas magiques : ils ne permettent pas toujours de trouver une solution, et pire, dans certains cas, ils peuvent vous orienter sur de faux résultats.
- ✓ Utiliser des méthodes plus « humaines » et faire fonctionner ses sens, particulièrement la vue et l'ouïe, est essentiel pour procéder à une vérification complète.
- ✓ Vous venez de visionner une vidéo qui semble amputée d'une partie, de mauvaise qualité ou qui ne présente qu'un seul angle de la scène : ce sont autant d'alertes qui doivent vous inciter à la prudence.
- ✓ Appuyez-vous sur la communauté OSINT pour rester à jour et apprendre régulièrement de nouvelles astuces.

Chapitre 7

Faire face à l'intelligence artificielle

L'année 2023 a marqué une petite révolution dans le monde de la vérification. Jusque-là plutôt rares, les exemples de manipulation utilisant des images fabriquées ont afflué de toutes parts sur les réseaux sociaux. Arrestation de Donald Trump, Emmanuel Macron face à des manifestants dans les rues de Paris, le pape François en doudoune... des images avec un grain particulier, qui ont parfois bouleversé notre rapport au réel et rendu le travail de vérification plus ardu encore.

Cette révolution est celle de l'intelligence artificielle (IA). Elle a fait une apparition très remarquée dans l'actualité, avec le développement de sites comme ChatGPT permettant de répondre à n'importe quelle question sur un ton conversationnel ou de générer des textes répondant à une problématique. Mais, dans le milieu de la vérification, ce sont surtout des outils de création d'images par IA, comme Midjourney, Dall-E ou Stable Diffusion, qui ont été utilisés à des fins parfois malveillantes en appuyant un propos par une image créée de toutes pièces. À tel point que certains journalistes se sont demandé si le monde numérique n'était pas entré dans une « nouvelle ère du faux », « l'ère des *fake pics*[96] ("fausses images") ».

Pourtant, cette problématique est loin d'être nouvelle : dès 2017, dans le milieu des *fact-checkers*, plusieurs *deepfakes*[h] ont alerté sur la dangerosité d'un procédé pouvant faire des

[h] Vidéos utilisant des techniques de synthèse, où un visage humain est remplacé par un autre.

ravages s'il se retrouvait entre les mains de personnes mal-intentionnées.

Évoquer l'IA n'est pas chose aisée. D'abord, parce que la technologie évolue très rapidement, et un conseil pour réagir face à un contenu suspecté d'être généré par IA peut s'avérer rapidement obsolète. Mais aussi parce que l'IA peut tout à fait combattre l'IA : les outils sont en pleine mutation pour tenter de contrer les utilisations manipulatoires d'IA. Nous ne mentionnerons donc dans ce chapitre que des IA génératives connues à la date de publication de cet ouvrage.

Aujourd'hui, début 2024, repérer un contenu généré par IA n'est pas toujours évident, mais c'est encore possible. Le recul sur ces technologies est certes insuffisant pour en évaluer l'impact réel, mais en connaître les failles et les limites permet d'être mieux armé pour apprendre à détecter les contenus visuels qu'elles génèrent.

Les *deepfakes*, premiers exemples de la puissance de l'IA

Les premiers contenus manipulatoires ayant recours à l'IA portés à la connaissance du grand public n'ont pas été les techniques les plus simples. C'est d'abord par des trucages vidéo que cette thématique a fait sa grande entrée dans le domaine de la vérification.

Encore méconnue il y a quelques années, la technologie des *deepfakes*, parfois traduite en français par « hypertrucage » et plus rarement « videotox », a été développée par des chercheurs à l'université de Washington en 2017. Ces derniers étaient parvenus à synthétiser les mouvements de la bouche de l'ancien président américain Barack Obama à partir de quatorze heures de vidéos de ses discours.

La technologie a été popularisée en 2018 par une vidéo diffusée dans le média américain BuzzFeed, dans laquelle Barack Obama insultait le nouveau président Donald Trump. La vidéo était en fait réalisée grâce à une voix synthétique et à partir des mouvements de bouches ultra-réalistes calqués sur ceux de l'acteur Jordan Peele.

Dans la vidéo diffusée par BuzzFeed, c'est l'acteur Jordan Peele (à droite) qui parle, dont les mouvements de lèvres sont imités pour faire parler Barack Obama[97].

Depuis, de très nombreux *deepfakes* ont été diffusés, toutefois la plupart restent à des fins de divertissement ou d'avertissement sur les dangers potentiels d'une telle technologie. À ce jour, très peu de *deepfakes* créés avec l'intention de nuire ont réellement trompé l'opinion publique. Certains utilisent des technologies peu évoluées disponibles sur smartphone mais produisant des résultats de mauvaise qualité dont les défauts se remarquent à l'œil nu.

C'est le cas notamment d'un *deepfake* mettant en scène l'ambassadeur de France au Cameroun en 2020, Christophe Guilhou, dont une photo a été utilisée via une application pour lui faire tenir des propos négatifs envers le Cameroun, lui faisant dire notamment que le pays n'était qu'une colonie de la France.

Vidéo *deepfake* réalisée avec l'application sur smartphone Talkr (à gauche). Pour ce faire, un utilisateur a animé une photo de l'ambassadeur de France au Cameroun, Christophe Guilhou (à droite).

En juin 2023, sur la chaîne russe Mir brièvement piratée, des téléspectateurs ont pu découvrir un *deepfake* de Vladimir Poutine annonçant « la mobilisation générale et l'évacuation des citoyens » russes des zones frontalières de l'Ukraine, alors que la Russie était en guerre contre son voisin depuis plus d'un an et demi. Quelques mois auparavant, en mars, la chaîne de télévision Ukraine 24 et le site internet Segodnya ont été piratés pour diffuser un *deepfake* du président ukrainien Volodymyr Zelensky annonçant la reddition de l'Ukraine. Ces deux *deepfakes*, de qualité très moyenne, avaient rapidement été démentis, à la fois par des journalistes et par les autorités elles-mêmes[98].

Néanmoins, ces technologies sont en nette progression, et il est de plus en plus facile de réaliser une vidéo de bonne qualité avec un masque graphique quasiment indétectable. Le problème n'étant pas la technologie en soi, mais plutôt son utilisation par des individus malintentionnés, ou encore le détournement de vidéos *deepfakes* à des fins manipulatoires.

C'est notamment le cas d'une vidéo mettant en scène le footballeur Kylian Mbappé, en août 2023, où on le voit, alors enfant, corrigé par son père. La vidéo, réalisée par le compte @frenchaicovers avait un but humoristique avéré, et surtout un filigrane très clairement visible sur la vidéo qui permettait d'en identifier l'auteur. Ce filigrane a permis de remonter à la source du contenu pour comprendre qu'il s'agissait d'une parodie d'une autre vidéo virale, où un enfant inconnu était corrigé par son père devant un professeur.

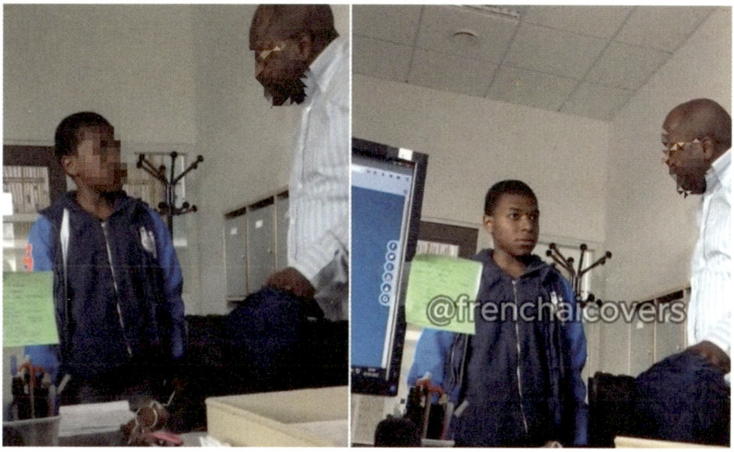

La vidéo originale (à gauche) *vs.* la vidéo avec le visage de Kylian Mbappé ajouté par @frenchaicovers (à droite)[99]. Le visage de l'enfant et de son père ont été floutés.

Mais comme le note Numerama, dans un article sur la vidéo :

> *En recherchant « Mbappé » sur X, au milieu de nombreuses publications sur l'attaquant du PSG, on peut voir [le] 29 août que certaines personnes ont modifié la vidéo de French AI Covers pour cacher son nom à l'aide d'un logo, afin de volontairement entretenir le doute. Ces publications ne sont heureusement pas très populaires, mais montrent qu'une nouvelle forme de harcèlement est possible avec ce type de contenus*[100].

Si l'auteur du *deepfake* peut ainsi ne pas avoir de mauvaises intentions, sa création peut être détournée par des personnes voulant camoufler les preuves qu'il s'agit d'un faux, afin d'induire en erreur.

À l'inverse, les *deepfakes* donnent aujourd'hui une arme supplémentaire à des personnalités publiques qui auraient tenu des propos qu'ils n'assumeraient pas : affirmer qu'une vidéo est un *deepfake* est une façon potentielle de se dédouaner. C'est exactement la stratégie de l'avocat d'Elon Musk concernant des propos du milliardaire vantant « la sécurité des véhicules Tesla », malgré des accidents avérés[101]. Une phrase qu'il a bien prononcée, mais dont ses avocats ont toujours affirmé qu'il s'agissait d'un *deepfake*.

Comment repérer un *deepfake* ?

Un *deepfake* bien réalisé est très difficile à déceler, mais il reste l'apanage de comptes spécialisés, dont les auteurs passent de nombreuses heures à corriger les imperfections visibles à l'œil nu, comme c'est le cas du compte @deeptomcruise sur TikTok, où les vidéos sont créées par le spécialiste des effets spéciaux belge Chris Umé. Ce dernier s'appuie notamment sur des vidéos tournées avec l'acteur Miles Fisher, qui ressemble à Tom Cruise. Dans une interview au média français 20 Minutes, Chris Umé confie qu'il utilise le logiciel DeepFaceLab pour entraîner un modèle à partir de plusieurs heures de vidéos montrant le visage de Tom Cruise. Pour chaque vidéo de trente secondes postée sur son compte, il explique notamment passer « environ vingt-quatre heures de post-production pure séparément[102] ».

Créer un bon *deepfake* n'est donc pas à la portée de tout le monde, mais la technologie s'est fortement démocratisée, et risque de devenir de plus en plus accessible. Développer quelques réflexes face à ce type de contenu est plus que jamais d'actualité.

- **Les éléments à observer**

1. Les contours du visage…

Un *deepfake* étant réalisé à partir d'un « masque » graphique, permettant de façon très schématique de « coller » un visage à la place d'un autre, observer le contour d'un visage est une bonne stratégie pour repérer des incohérences. Cette observation doit se faire particulièrement au niveau du bord du visage, car la jonction entre ce « masque » et la vraie peau du modèle utilisé pour le *deepfake* peut présenter des différences.

Sur ce *deepfake* de Vladimir Poutine, le bord inférieur droit de la mâchoire est flou, et le mouvement de bouche n'est pas fluide non plus[103].

De l'aveu même de créateurs de *deepfakes*, comme Chris Umé[104], modéliser des oreilles réalistes dans un *deepfake* est très compliqué, car chaque oreille est spécifique à chaque être humain. Ce dernier s'appuie d'ailleurs sur les oreilles de l'acteur Miles Fisher qui interprète Tom Cruise, afin de ne pas avoir à les créer graphiquement.

2. ... et ses expressions

Ces altérations peuvent particulièrement se remarquer lors des mouvements du visage qui vont déformer ce « masque ». De manière générale, les émotions sont difficiles à retranscrire dans le cadre d'un *deepfake* classique. Ainsi, s'attarder sur l'attitude et les expressions pour détecter un comportement robotique, redondant, voire inexpressif, permet la plupart du temps de repérer une fabrication graphique.

3. Les mouvements de lèvres et le clignement des yeux

Faire coller parfaitement les mouvements de lèvres avec la parole est souvent complexe, et la bouche d'un visage réalisé par *deepfake* peut s'en retrouver déformée.

De même, observez particulièrement la fréquence de clignements des yeux : sont-ils réalistes ? Se font-ils de manière régulière ? Les outils ne sont, pour l'heure, pas en mesure de reproduire des clignements naturels. Et, dans certains cas, c'est même l'alignement des yeux qui peut poser problème.

4. La fluidité des mouvements

Le plus difficile pour un « masque » graphique est de suivre un mouvement, particulièrement si le *deepfake* implique que le personnage se trouve de profil. Lorsque c'est le cas, il peut ainsi apparaître des aspérités non visibles lorsque le visage est de face. La raison est simple : pour recréer un visage, les logiciels *deepfakes* utilisent des points de repère sur celui d'une personne. Avec un visage de profil, les algorithmes ne disposent que de la moitié des points de repère disponibles par rapport à un visage de face.

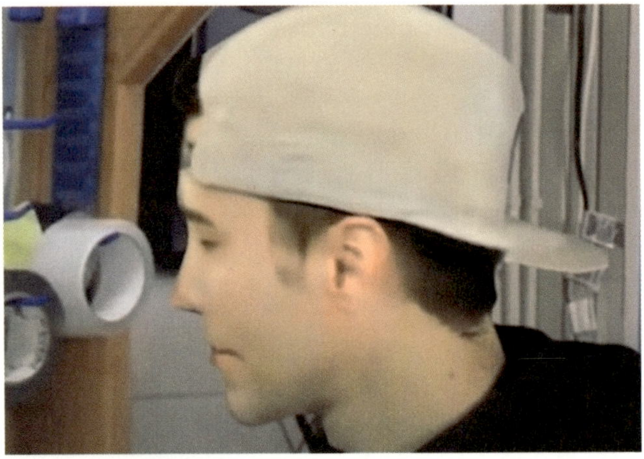

Sur ce *deepfake* montrant le visage du YouTubeur américain Mark Rober, la casquette n'épouse pas tout le visage et la lèvre présente une incohérence[105].

Ralentir image par image une vidéo suspectée d'être un *deepfake* lorsqu'un individu bouge peut être une façon efficace de le repérer.

5. La luminosité

Avoir une lumière cohérente sur un visage par rapport au reste de son environnement est l'un des défis les plus complexes, selon de nombreux graphistes ayant travaillé sur des *deepfakes*. Si par exemple le teint de la peau vous semble étrange, que les ombres sont bizarrement positionnées ou que des reflets sur des lunettes ne paraissent pas naturels, méfiez-vous !

- **Croiser les sources**

En cas de doute sur un potentiel *deepfake*, outre l'observation du contenu en lui-même, des recherches plus classiques peuvent tout à fait permettre de mettre à jour la supercherie : une recherche d'image inversée, ou une recherche par mots-clés en tapant les phrases exactes prononcées dans la vidéo, peut permettre de retrouver soit la séquence originale, soit un contenu journalistique ayant déjà mis au jour le *deepfake*.

- **Outils techniques pour détecter un *deepfake***

Comme pour tous les outils présentés, il faut toujours rappeler qu'aucun d'entre eux ne peut être fiable à 100 %, et qu'en matière de *deepfakes*, un contenu de qualité dégradée sera quasiment indétectable par une machine.

Néanmoins, il existe quelques sites en ligne gratuits qui permettent, en cas de doute sur une vidéo, d'effectuer un test pour se faire une première idée. Par exemple, Deepware.ai[106] permet de scanner une vidéo en ligne ou d'envoyer pour analyse une vidéo préalablement téléchargée.

Les résultats de fiabilité sont donnés sous la forme d'un pourcentage, selon une batterie de quatre méthodes de détection de *deepfakes* : plus le pourcentage est élevé, plus la vidéo a de chances d'être fabriquée. L'outil a aussi l'avantage d'analyser image par image la vidéo pour indiquer à quel moment il est possible de détecter une incohérence graphique, pouvant ainsi se doubler par une nouvelle vérification humaine.

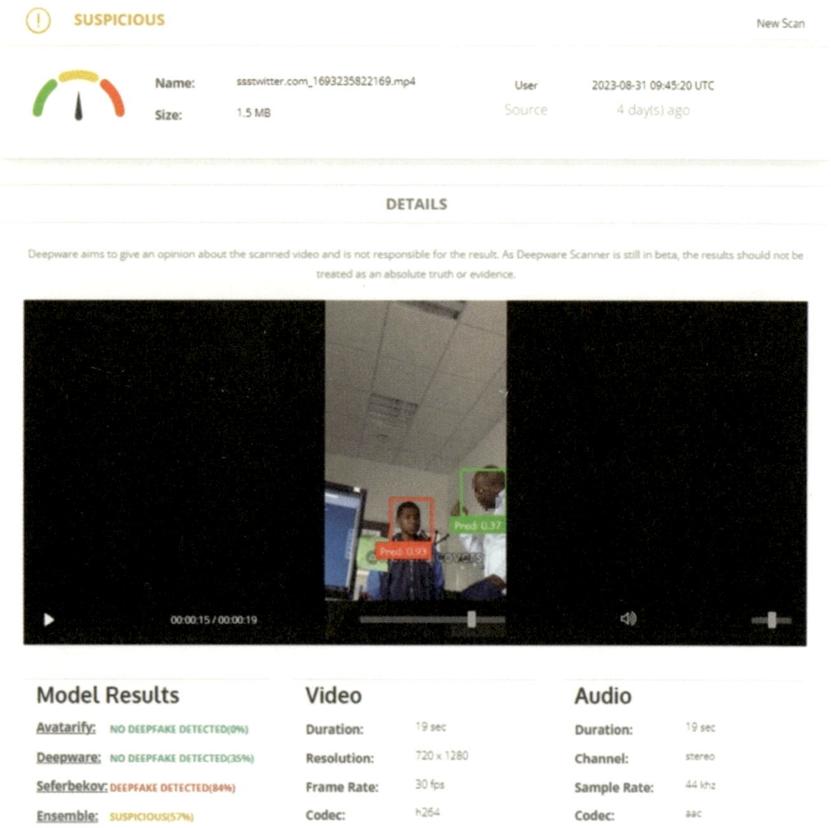

Sur l'exemple de la vidéo *deepfake* de Kylian Mbappé (voir p. 141), l'outil évalue à 57 % de chance qu'il s'agit d'un *deepfake* et juge la vidéo comme « suspecte ».

De la même manière, DeepfakeProof[107], développé par l'entreprise Duck Duck Goose, permet d'installer une extension sur votre navigateur qui analyse automatiquement les vidéos qui s'affichent pour indiquer, grâce à un code couleur, celles possiblement douteuses. Là encore, ces outils sont à utiliser comme des premiers indicateurs et ne peuvent pas à eux seuls déterminer un *deepfake*.

Comment l'IA générative a changé la donne en 2023

C'est la popularisation des outils permettant de créer des images à partir de descriptions textuelles qui a changé la donne en matière de désinformation : là où les *deepfakes* nécessitent un travail important pour être réalistes et réellement tromper, des outils en ligne, comme Dall-E, développé par OpenAI, ou Midjourney et Stable Diffusion, permettent d'obtenir un résultat convainquant avec un minimum de connaissance des outils.

En France, ce sont d'abord des exemples à vocation pédagogique qui ont popularisé la puissance de l'IA. Celle d'un policier étreignant une manifestante lors de la mobilisation contre la réforme des retraites postée sur X par @WebCrooner a eu pour but de lancer les premières discussions : le policier avait six doigts à sa main gauche, signe caractéristique d'une image générée par IA via l'outil Midjourney, début 2023. Le tweet, relayé par une journaliste de l'AFP Factuel pour alerter sur les dangers des images générées par IA, a été vu plus de 14 millions de fois[108]. Une IA « ne peut pas réellement comprendre ce qu'est une main anatomiquement parlant[109] », ce qui explique ses difficultés à générer des mains réalistes. Ici, comme pour les premiers *deepfakes* : pas de volonté particulière de tromper, mais informer le grand public des possibilités des outils.

Photos générées par IA par @WebCrooner[110].

Mais, contrairement aux sujets des *deepfakes*, très rapidement, ces technologies, une fois popularisées, ont été utilisées pour tromper : sur la même thématique de la réforme des retraites, c'est une image d'un homme âgé en sang, supposément violenté par un CRS, qui a beaucoup été relayée fin mars 2023. Sauf que l'auteur, l'artiste Régis Gonzalez, a lui-même contacté le média de vérification AFP Factuel[111] pour confirmer qu'il avait généré cette image en utilisant un outil d'IA. Ce dernier a créé des situations imaginaires quant à des manifestations contre la réforme des retraites à 98 ans, comme il le fait régulièrement pour d'autres situations[i]. Sur sa page Facebook, il précise d'ailleurs clairement l'origine des images, générées par IA. C'est une de ses photos, sortie de son contexte initial, qui a été utilisée pour désinformer.

---

[i] Régis Gonzalez a par exemple créé un documentaire fictif intitulé *Ces gens ne sont rien*, uniquement avec des photos de personnes générées par IA dans sa série *Fakumentary*. En ligne : https://www.regisgonzalez.art/digital-art/fakumentary-iii-ces-gens-qui-ne-sont-rien

🔴BUZZ MEDIAS INTERNATIONAUX :
➡️L'image d'un homme âgé au visage ensanglanté manifestant en France fait le tour du monde.
#ReformeDesRetraites #Europe #FranceProtest

9:11 PM · 29 mars 2023 · **280,7 k** vues

5 686 Retweets **284** citations **7 240** J'aime **150** Signets

Publication X prétendant montrer un vieux manifestant brutalisé en marge des rassemblements contre la réforme des retraites retraites. L'image a été générée par IA par Régis Gonzalez dans un but artistique[112].

En novembre 2023, j'ai échangé avec cet artiste sur le détournement de sa photo. Il m'a expliqué qu'il ne « pensait pas que ça prendrait une telle ampleur » mais m'a dit ne « rien regretter », car il avait bien indiqué l'objet artistique de sa démarche. « Le problème, c'est que si cent personnes se mettent à générer des photos comme ça et à les relayer de façon coordonnée, ça va devenir un problème pour notre démocratie », s'est-il inquiété.

Les images générées par IA ne sont en fait qu'une nouvelle pierre à l'édifice des désinformateurs : une façon rapide de faire passer une idée, d'appuyer un propos par une image marquante. Peu importe qu'elle soit vraie ou pas, certains y croiront peut-être. C'est donc naturellement que ce type d'image a été rapidement récupérée par les partisans de

Donald Trump, dans le sillage de son procès pour avoir tenté d'inverser les résultats de la présidentielle de 2020. Son fils, Eric, s'est fait l'écho d'une photo représentant Donald Trump marchant dans les rues de New York, avec une foule impressionnante. Vue plus de dix millions de fois sur X, aucune mention n'a pourtant été faite qu'il s'agissait d'une fausse image générée par IA, alimentant l'idée d'un Donald Trump soutenu massivement par le peuple.

Photo générée par IA postée par Eric Trump,
fils de Donald Trump, sur ses réseaux sociaux[113].

Donald Trump n'a pas été épargné par les fausses images générées par IA : tantôt montrant son arrestation dans la rue, tantôt le représentant en tenue de prisonnier face à la caméra. Ces images soulignent une problématique déjà abordée à plusieurs reprises dans ce livre : circulant généralement sur les réseaux sociaux, et vue sur de petits écrans de téléphone portable, une image générée par IA n'est pas toujours évidente à identifier au premier coup d'œil.

Preuve de la difficulté de repérer ce type d'image : en avril puis en septembre 2023, une photographie puis un tableau entièrement générés par IA ont remporté respectivement le Colorado State Fair de la plus belle œuvre numérique[j] et le Sony World Photography Awards dans la catégorie « Création »[k]. Les organisateurs des deux concours ont tenté de justifier leur choix en expliquant qu'une image par IA pouvait tout à fait concourir dans des catégories de création numérique. Le choix a créé beaucoup de discussions sur la nécessité d'organiser des concours distincts pour que les images générées par des robots ne soient pas mises en compétition avec des créations humaines.

Confusion entre le réel et le faux

Le problème principal révélé par la diffusion des techniques d'IA générative ne réside pas dans le contenu en soi, mais dans la confusion généralisée et accentuée dans la distinction du vrai et du faux.

Dans certains cas, la confusion intervient même sur des contenus historiques. Fin septembre 2023, la recherche « Tank man », faisant référence au très célèbre moment où un homme fut photographié alors qu'il tentait de bloquer symboliquement la progression d'une colonne de tanks de l'Armée populaire de libération, lors des manifestations de la place Tian'anmen, en 1989, en République populaire de Chine, faisait ressortir en premier résultat, et ce, pendant quelques heures, une photo générée par IA[114]. L'image avait été postée sur le forum Reddit par un utilisateur qui précisait pourtant que l'image n'était pas réelle.

---

j *Théâtre d'opéra spatial*, création par IA de Jason Allen.

k *Pseudomnesia : The Electrician*, création par IA de Boris Eldagsen.

Photo intitulée *Selfie Tank Man Tiananmen Square 1989* et postée sur Reddit, par @Ouroboros696969, dans la section Midjourney[115].

Le site Futurism, qui a révélé l'information, s'inquiète de son côté :

> *Google n'est pas seulement un réservoir d'informations passif. Grâce à ses algorithmes, ses aperçus de recherche [...], il fonctionne également comme un organisateur d'informations. [...] Nous sommes encore à l'aube de l'impact de l'IA générative sur notre monde numérique et les réseaux d'informations qui y circulent - et si les algorithmes de Google ne peuvent pas suivre le rythme, la convivialité de l'ensemble du Web en souffrira sûrement*[116].

Pire : lorsqu'une image dérange, ou apparaît trop improbable, elle ne manque pas d'être accusée d'être un faux généré par IA. C'est ce qui est arrivé en France, en marge des manifestations contre la réforme des retraites, avec la photo d'une jeune fille arrêtée par la police. L'image paraît presque surréaliste avec de la fumée en fond, et un policier la bouche grande ouverte. Selon des utilisateurs sur X, « l'esthétisme de la compo[sition] et de la lumière » ou encore « le sourire déplacé du policier » seraient des indices attestant que la photo est une fabrication.

Cliché du photographe « BadYear85 »
(le visage de l'enfant a été flouté)[117].

Et pourtant, l'image prise par le photographe « BadYear85 » est bien réelle. Dans une interview donnée aux Observateurs de France 24, ce dernier explique :

Ma photo n'a subi aucune retouche, si ce n'est les réglages de luminosité et de contraste de base. L'apparence [sous-exposée] de la photo est aussi liée à mon style de photographe. C'est un peu inquiétant pour l'avenir de notre métier de voir ce que font les intelligences artificielles, surtout quand on voit que même certains médias commencent à les utiliser. Mais c'est bien la première fois que les gens remettent en cause une photo que j'ai faite. Je me suis dit que ces personnes s'arrangeaient avec une réalité qui ne leur convenait pas, qu'ils ne voulaient pas voir en face[118].

Les exemples similaires ne manquent pas, et comme l'écrit William Audureau pour *Le Monde*, « le principal danger [de l'IA] n'est pas uniquement de tromper l'œil humain en faisant passer le faux pour du vrai [...] mais aussi de faire passer le vrai pour du faux[119] ».

L'influence sur le réel est rare. Mais certains cas laissent pourtant songeurs : le 22 mai 2023, une fausse image révélant une explosion près du Pentagone a circulé sur les réseaux sociaux. Montrant un gros nuage noir de fumée près du quartier général du département américain de la Défense, la photo a été relayée par un faux compte usurpant l'identité du média Bloomberg, et également par des comptes officiels de médias russes. Conséquence : le S&P 500, l'un des principaux indices boursiers qui mesure les performances de cinq cents grandes sociétés cotées en Bourse aux États-Unis, constate dans la journée du 22 mai une baisse momentanée de 0,26 %. L'information rapidement démentie a permis de stopper cette baisse.

Ces situations ont poussé certaines plateformes à prendre des décisions : le site Midjourney, principal pourvoyeur d'images fabriquées par IA, a fortement restreint les possibilités de son accès gratuit, proposant depuis des formules payantes. À la même période, des centaines de chefs d'entreprise, dont Elon Musk, patron de X et de Tesla, ou Steve Wozniak, fondateur d'Apple, ont réclamé un moratoire sur l'IA, qui n'a jamais eu lieu. Le 8 décembre 2023, l'Union européenne est parvenue à un accord pour encadrer le développement de l'intelligence artificielle[120], une première mondiale. Sur les IA génératives, l'accord prévoit notamment des règles qualitatives pour le développement des algorithmes et des vérifications pour qu'ils ne violent pas la législation sur les droits d'auteur. Les sons, images et textes produits devront être identifiés obligatoirement comme artificiels. Un premier pas important, mais en la matière, tout reste encore à définir sur le plan technique.

Techniques pour repérer les images générées par IA

Avant toute chose, et au risque d'enfoncer un clou déjà bien planté, il convient de rappeler que les outils d'IA générative évoluent et se corrigent en permanence. Tout conseil donné dans cet ouvrage pourra devenir caduc à court ou moyen terme, compte tenu de l'évolution très rapide dans ce domaine. Par exemple, pendant longtemps, une des techniques les plus en vogue pour détecter les images générées par IA était celle du comptage des doigts, souvent plus de cinq sur ce type d'images, en particulier sur celles générées via Midjourney, comme vu précédemment. Mais, depuis fin mars 2023, la version 5 du programme a corrigé ces faiblesses, se rapprochant d'images de plus en plus photoréalistes. Fini les six ou sept doigts permettant de détecter ce type d'image, ou en tout cas pas de façon systématique.

Les conseils dépendent aussi des outils utilisés, chacun ayant leurs points forts et leurs lacunes : les images générées via Midjourney ont des caractéristiques différentes de celles générées par Dall-E, de même que les images de Stable Diffusion ne ressemblent en rien aux deux premières. Néanmoins, quelques réflexes permettent (encore) de vérifier les images générées par IA.

- **Faire une recherche d'image inversée ou quelques recherches rapides**

Le conseil peut paraître simple, et pourtant il est souvent suffisant pour détecter une image suspectée d'être générée par IA : faire une recherche d'image inversée. Deux cas de figure se présentent :

1. On la retrouve, par exemple sur un forum où auprès de son auteur précisant qu'il s'agit bien d'une création par IA ;
2. On ne la retrouve pas, ou en tout cas uniquement sur des publications des réseaux sociaux, sans sources particulières ou ne précisant pas l'origine de l'image.

En général, cette situation est une ligne rouge indiquant qu'il faut se méfier du contenu, faute de source sérieuse.

De la même façon, si une image dit montrer spécifiquement un personnage ou un paysage, pensez à chercher à quoi ressemble ce dernier. Il suffit parfois d'une simple comparaison avec une vraie photo pour détecter les supercheries.

- **Observer l'arrière-plan de l'image**

Une caractéristique commune aux images générées par IA est leur arrière-plan flou ou chaotique.

En regardant ce qu'il se passe derrière l'action principale, il n'est pas rare de découvrir des incohérences graphiques majeures : des visages monstrueux, des corps mal formés, des situations irréalistes ou un panneau de signalisation ne voulant rien dire... La raison est simple : les outils d'IA générative se concentrent sur la fabrication d'un objet principal, et moins sur les objets secondaires.

- **Analysez la texture des visages et leurs potentielles asymétries**

Si les outils d'IA générative font des progrès impressionnants en la matière, les visages humains restent encore difficiles à reproduire et présentent parfois des grains particuliers, notamment une apparence plastique et lisse, qui les trahissent.

Les yeux d'une personne sont-ils symétriques et d'une couleur concordante ? Ses oreilles sont-elles à la même hauteur ? Sa peau semble-t-elle craquelée, ou sa tête difforme ? Ces questions peuvent suffire à débusquer les images fabriquées.

- **Lire les inscriptions textuelles**

Une autre grande faiblesse de ce type d'outils est son incapacité à générer des textes ou des inscriptions cohérentes : cherchez donc les mots que vous pouvez lire sur des uniformes, sur des devantures de boutique, ou toute inscription dans l'image. Si elle ne veut rien dire, ou si elle n'a rien à voir avec le contexte donné, c'est suspect !

- **Pensez à zoomer pour vérifier détails, accessoires et reflets**

Dans la même logique que les conseils précédents, tout détail mérite d'être examiné avec précaution. Si la qualité de l'image le permet, zoomer est souvent un moyen de se rendre compte d'absurdités qu'on n'avait pas forcément remarquées au premier coup d'œil.

Prêtez une attention particulière aux répétitions illogiques : par exemple, si une personne sourit, combien de dents voyez-vous ? Y en a-t-il trop dans la bouche d'un protagoniste ? Voyez-vous des boutons sur une veste ou une chemise, et ceux-là sont-ils cohérents les uns avec les autres ?

Les accessoires sont aussi particulièrement sujets aux erreurs graphiques, car ils sont générés de manière aléatoire : ainsi, il n'est pas rare qu'une paire de lunettes aient deux branches différentes ou que des boucles d'oreilles ne soient pas les mêmes.

Enfin, une très grande difficulté à surmonter pour les IA réside dans la cohérence des reflets : si vous voyez de l'eau ou un miroir dans l'image, inspectez en particulier si elle se réplique bien ou si, au contraire, il apparaît des reflets qui ne devraient pas exister.

L'arrestation d'Emmanuel Macron

L'image page suivante, qui a rapidement été présentée comme générée par IA le 23 mars 2023, coche un grand nombre de cases de ce type d'image. Combien de détails incohérents pouvez-vous retrouver ?

Photo générée par IA par Jérémie Galan[121].

Voici une liste non exhaustive des incohérences[122] :

- Emmanuel Macron a six doigts à la main droite et ses yeux présentent une asymétrie ;
- L'inscription « Polle » sur le plastron du policier de droite, tout comme les textes incohérents sur les casques des policiers ;
- Les écussons sont placés tantôt au niveau du cœur, tantôt sur l'épaule, tantôt absents ;
- Le visage du policier sur la gauche de l'image ;
- Les policiers au premier plan semblent avoir des protège-genoux uniquement sur une jambe ;
- Le pull d'Emmanuel Macron se confond avec son pantalon ;
- L'arrière-plan est flou, et le panneau de signalisation en haut à droite de l'image ne correspond à aucun panneau en France ;
- Les lunettes du policier derrière Emmanuel Macron ont une branche manquante ;
- La veste d'Emmanuel Macron se confond avec le pantalon du policier qui le tient à sa droite…

- **Signature visuelle ou *watermark* numérique**

Certains outils d'IA générative ont introduit assez rapidement un filigrane visuel permettant de reconnaître au premier coup d'œil la provenance de l'image. C'est le cas de Dall-E qui accole automatiquement sur n'importe quelle image générée une bande de cinq couleurs allant du jaune au bleu dans le coin inférieur droit. Moins connu, le site Craiyon appose quant à lui un petit crayon dans le bord inférieur droit. Début 2024, ni Midjourney ni Stable Diffusion, deux des plateformes les plus connues pour générer ce type de contenus, n'incluaient de signature visuelle lors de la génération automatique. Et évidemment, cette signature peut facilement être rognée et supprimée par quiconque veut camoufler l'origine de l'image.

En février 2024, la plupart des grandes entreprises travaillant sur la question des images générées par IA, dont Meta, OpenAI, Google, Midjourney ou Adobe, ont confirmé « développer des normes communes d'identification » avec une signature digitale qui sera visible dans les métadonnées. Cependant, plusieurs questions subsistent : ces marqueurs sont pour l'heure modifiables ou supprimables, obligeant ces groupes à développer des méthodes communes de signature inviolable. Et surtout, ces méthodes seront-elles suffisamment rendues accessibles pour être connues du grand public ?

Outils de détection d'images par IA : intérêt et limites

Comme pour les *deepfakes*, il existe déjà plusieurs outils en ligne permettant d'analyser un contenu suspect. Souvent entraînés grâce à des milliers d'exemples renseignés dans leur base de données, ils donnent ainsi un indice de confiance à une image, pour savoir si celle-ci a été créée par IA ou non. En voici trois, qu'il convient d'utiliser avec prudence et dont il n'est jamais inutile de croiser les résultats.

- **Hive Moderation**

L'outil le plus connu, et probablement le plus performant aujourd'hui, est celui mis à disposition par l'entreprise Hive Moderation. Son « *AI Generated Content Detection* » affirme avoir été entraîné avec des millions d'images et avoir « une efficacité supérieure à 99 %[123] », un chiffre invérifiable.

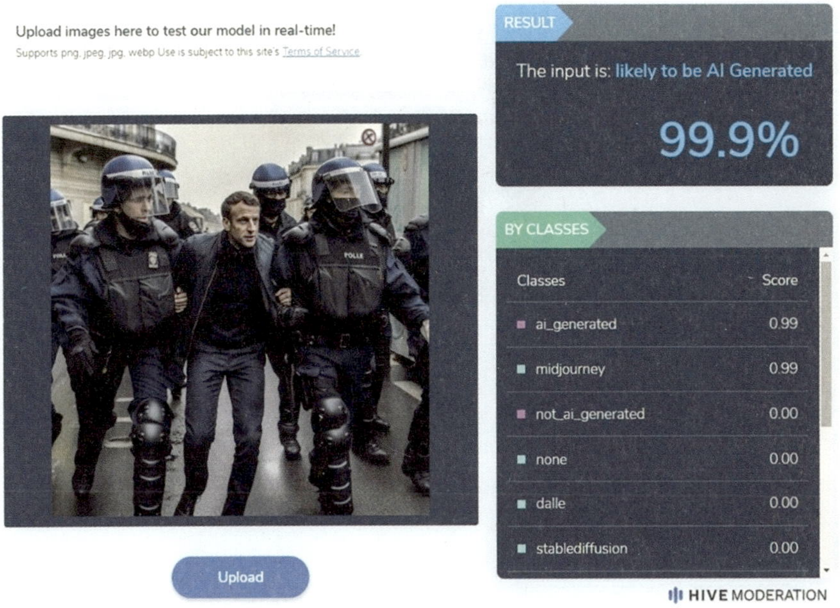

Une analyse sur l'image d'Emmanuel Macron arrêté détecte une image générée par IA à 99,9 %, qui aurait été créée via Midjourney. L'image a bien été générée en utilisant cet outil.

Point intéressant : ce dernier évalue quel outil génératif a pu être utilisé pour l'image que vous souhaitez vérifier. Ainsi, vous pouvez avoir une idée plus précise si l'image analysée vient de Dall-E, Midjourney, Stable Diffusion ou autre.

- **Hugging Face**

Cette start-up franco-américaine développe des outils pour utiliser l'apprentissage automatique, et notamment un outil de détection des images générées par IA, le « *AI Image Detector*[124] ».

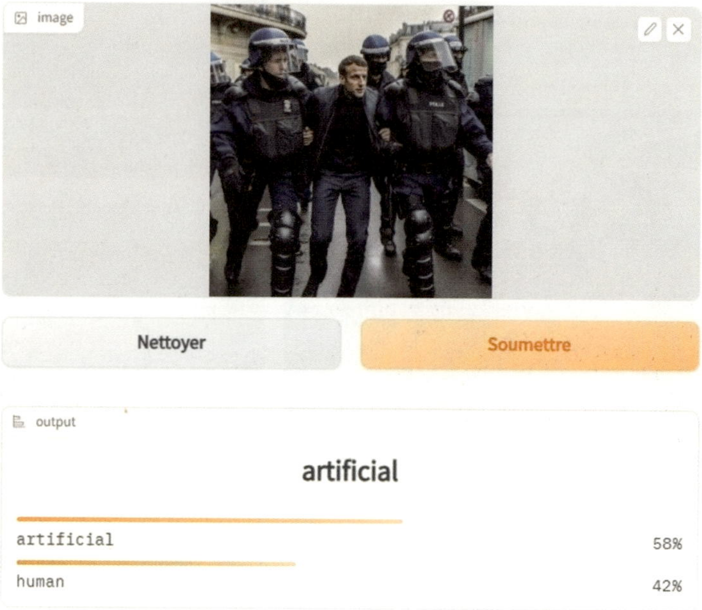

Une analyse sur l'image d'Emmanuel Macron arrêté montre que Hugging Face hésite entre une image artificielle à 58 % et une image humaine à 42 %.

Point faible de l'outil, précisé dans sa description :

Cette application est une démonstration de validation de principe de l'utilisation d'un modèle de transformateur visuel pour prédire si une image artistique a été générée à l'aide de l'IA[125].

Effectivement, l'outil semble mieux fonctionner avec des créations d'ordre artistique, et n'est pas très à l'aise avec des photos dépeignant des situations plus réalistes. Il n'est pas rare d'en obtenir des résultats mitigés, et donc peu fiables.

- **AI or Not**

Développé par la société Optic, le site AI or Not[126] fonctionne de la même manière que ses concurrents, et affiche quant à lui un indice de fiabilité de 95 %, pouvant reconnaître des images venant de Midjourney, Stable Diffusion, Dall-E, et aussi des visages générés par IA, comme ceux venant du site ThisPersonDoesNotExist[I, 127].

Il présente aussi un outil accessoire intéressant : un *bot* sur la messagerie Telegram, qu'il est possible d'interroger rapidement pour savoir si une image est générée par IA ou pas.

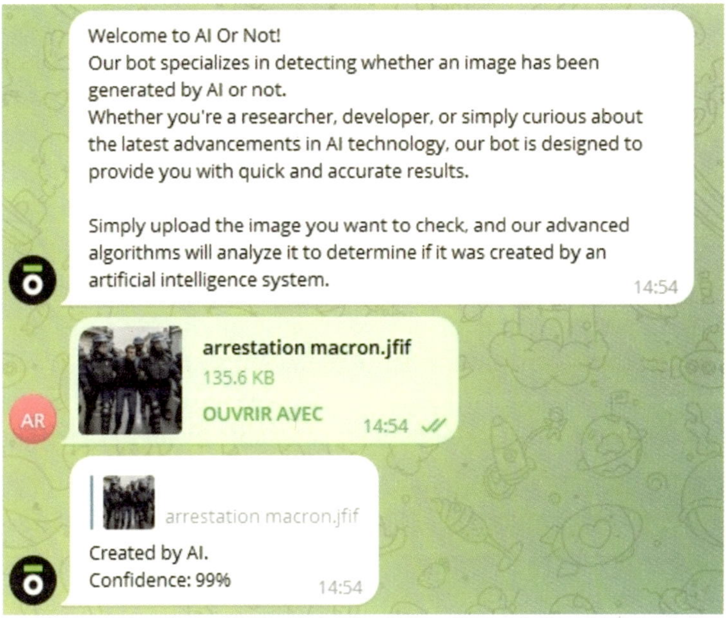

Une analyse sur l'image d'Emmanuel Macron arrêté montre que le bot Telegram d'AI or Not évalue à 99 % de chance qu'il s'agit d'une image générée par IA.

- **Pourquoi ces outils ne sont pas (encore) assez fiables**

Consulter ces outils n'est en soi pas inutile, car ils se basent sur des algorithmes s'améliorant de jour en jour à partir de grandes bases de données. Mais il faut également garder à l'esprit qu'ils ne sont absolument pas infaillibles, et peuvent facilement être trompés.

I Ce site permet de générer des visages ultra-réalistes et est souvent utilisé pour créer des fausses photos de profil.

Tout réside dans leur fonctionnement : ils recherchent des motifs inhabituels dans la disposition des pixels, notamment dans leur netteté et leur contraste, éléments caractéristiques des images générées par IA. Les outils ont tendance à générer des artefacts près des bords d'une image.

Mais, évidemment, si une photo générée par IA est recadrée, cela peut induire en erreur les outils de recherche. De même que l'utilisation sur une image de filtres proposés par de nombreuses applications, comme Instagram, peut aussi créer des faux positifs : même si l'image est réelle, elle sera considérée comme trafiquée par un outil de détection d'image par IA. Inversement, l'ajout de grain sur une image peut subitement la faire passer pour réelle auprès des outils de détection, car cela nuit à l'analyse des pixels.

Autre grande limite de ces outils : ils présentent de bons résultats sur des images de très bonne qualité, et sont souvent trompés lorsque la qualité d'une image générée par IA a été dégradée. Ainsi, pour camoufler une telle image, il suffit aux désinformateurs de dégrader sa qualité avant de la poster sur les réseaux sociaux.

Des tests menés par le *New York Times*[128] sur treize situations différentes – en présentant tantôt des images générées par IA, tantôt de vraies images à des outils de détection – ont montré que, dans 35 % des cas, les outils se sont trompés (23 réponses fausses sur 65), parfois car ils avaient été volontairement induits en erreur par des modifications, souvent minimes, des images.

En octobre 2023, un cas a popularisé l'outil AI or Not de la mauvaise manière : une photo présentée comme celle d'un bébé brûlé vif lors des attaques du Hamas en Israël a été diffusée par le gouvernement israélien sur X. Des utilisateurs ont alors affirmé que la photo était une fabrication par IA, en utilisant le détecteur en ligne. L'entreprise AI or Not a publié un communiqué pour expliquer que « le résultat n'est pas concluant car la photographie a été compressée et modifiée pour rendre floue[129] » une partie de l'image. Le cas montre qu'il est donc très facile de créer la confusion en accusant une photo d'être générée par IA en se basant sur les résultats d'un outil mal interprété.

Si à court terme ces outils semblent pouvoir fonctionner, tous les spécialistes s'accordent pour dire qu'à long terme, l'IA générative sera en mesure d'imiter au plus près les créations humaines, et que les outils seront conçus pour pouvoir tromper les détecteurs.

En résumé

- ✓ Les outils d'IA générative sont en constante évolution, mais il est toujours possible de repérer ces contenus avec un peu d'observation et une recherche croisée.
- ✓ Les outils de détection de ce type d'images peuvent donner une première idée, mais ils ne doivent pas être utilisés seuls, car ils peuvent facilement être trompés.
- ✓ Tout n'est pas faux sur Internet : si une image est accusée très rapidement d'avoir été générée par IA, demandez-vous à qui profite cette confusion.

Épilogue

Qu'est-ce qui nous attend ?

Les sujets abordés dans le dernier chapitre auraient pu constituer un ouvrage à eux seuls, tant les exemples sont quotidiens et symbolisent les défis auxquels nous faisons collectivement face dans la recherche des faits. Pour l'heure, on l'a vu, l'observation reste votre meilleur atout… mais pour combien de temps ? Les progrès sont énormes et rapides, et il est très probable qu'entre la finalisation de ces lignes, la publication de cet ouvrage et le moment où vous l'aurez dans les mains, un nouveau bouleversement aura peut-être eu lieu.

Je n'ai pas de boule de cristal, mais, pour l'heure, ma grande interrogation est du côté des générateurs de vidéos par IA. Plusieurs outils existent déjà et donnent des résultats très impressionnants. Ils sont actuellement utilisés pour des productions artistiques, dans le cadre de courts-métrages et de récits fictifs, ou à des fins récréatives. En février 2024, il n'existait pas, à ma connaissance, de cas de vidéo entièrement générée par IA ayant trompé l'opinion publique référencé par des spécialistes de la vérification, hormis certains *deepfakes*, comme celui de la chanteuse Taylor Swift apportant son soutien à Donald Trump. Les cas s'en approchant le plus étaient des séquences de jeux vidéo issues de simulations de combats ultra-réalistes, comme Arma 3 ou Digital Combat Simulator, présentées comme des scènes véritables.

Créer une vidéo de toutes pièces nécessitera bien plus d'efforts qu'une simple photo. Or, jusqu'à maintenant, les exemples concrets d'intox visuelles montrent que les désinformateurs se tournent vers des contenus faciles à générer (détournement de vieilles vidéos ou hors contexte, utilisation d'image générée par IA), permettant de passer un minimum de temps pour un maximum d'impact. Si ce calcul temps passé/impact devient favorable pour les vidéos générées par IA, et si ces outils sont mal encadrés, ils pourraient prochainement être utilisés pour désinformer à grande échelle.

À titre personnel, je suis particulièrement inquiet à ce sujet : bien entendu, au début, il ne sera probablement pas si difficile de repérer une vidéo générée par IA. Elles présenteront des incohérences majeures visibles à l'œil nu, tout comme c'était le cas pour les photos. Mais, au fur et à mesure, elles se corrigeront et deviendront encore plus réalistes. Lors de catastrophes naturelles, par exemple, il sera facile de diffuser une vidéo créée de toutes pièces pour récolter des clics. Lors d'une guerre, inventer une séquence défavorable à un camp et la diffuser pourrait être à la portée de tous. Et très difficile à repérer en un coup d'œil.

Un autre gros défi auquel nous faisons face est l'utilisation d'IA générative sonore, en particulier celle du clonage des voix. Des outils permettent de copier des voix de personnalités célèbres à partir de quelques minutes de discours ou d'interviews et de lui faire dire ce que l'on souhaite en rédigeant un texte. La technologie « *Text to Voice* » (texte vers voix) a déjà permis plusieurs intox, de nombreuses visant spécialement le président français Emmanuel Macron. Sa voix a été clonée pour lui attribuer de fausses déclarations, à la fois dans un contexte français, mais aussi concernant l'actualité au Mali[130] ou en République démocratique du Congo[131].

Une écoute attentive de ces sons permet encore de repérer les supercheries : voix non naturelle et robotique, erreurs de français ou incohérences dans le contenu. Une de ces entreprises, ElevenLabs, a mis en place un outil pour détecter les contenus sonores générés par IA en utilisant leur plateforme[132]. Mais, là encore, cet outil, dont les critères de développement restent flous, ne peut pas constituer une preuve certaine, et peut facilement être trompé en modifiant légèrement un son.

Le tableau dressé peut paraître très négatif, réaliste diront d'autres. Mais il reste heureusement des espoirs. Le premier réside dans le calcul coût/avantage pour les désinformateurs à diffuser une fausse information qui serait repérée et épinglée. Quel serait par exemple l'impact d'un *deepfake*, ou d'une vidéo générée par IA, diffusé officiellement par une personnalité comme preuve sur un sujet donné, et qui serait détecté et prouvé comme étant faux par des journalistes ? Si on peut penser que cette personnalité serait toujours soutenue par ses plus fervents partisans, d'autres citoyens, la fameuse « majorité silencieuse », garderaient à l'esprit que cette personnalité a menti en créant un faux. La réflexion est la même si on change la personnalité par une organisation, voire par un État.

Le second espoir, c'est nous, c'est vous. Continuer à être en alerte pour faire barrage aux tentatives de manipulation et de désinformation est un enjeu pour notre démocratie, et nous en sommes tous collectivement responsables. La tâche est colossale, impossible à accomplir à 100 %, mais plus les bons réflexes seront diffusés, plus chacun d'entre nous pourra apporter sa pierre à l'édifice.

De mon côté, si ce guide vous a permis d'en apprendre un peu plus sur la façon de vous protéger dans le flot informationnel, j'aurai un peu réussi ma mission. Et si un jour, il n'y a plus besoin de *fact-checkers*, car chaque individu devient capable de faire face à des tentatives de désinformation de façon autonome, eh bien j'aurai le sentiment du devoir accompli.

Remerciements

À mon épouse, qui, malgré le conseil initial de « se couper d'Internet », a été d'un soutien sans faille dans ce long travail de recensement.

À mes parents et ma sœur, qui m'ont toujours soutenu dans mes choix et aidé à devenir ce que je suis.

À Derek, pour son soutien et ses conseils dès les premiers instants, et à Estelle pour ses retours avisés.

À mes relectrices, Flore, Mathilde et Diane.

À la maison d'édition Mardaga, Laura qui est venue me trouver, Émilie, Mariana, Chloé et Thibault qui m'ont fait confiance, Cindy pour ses ultimes retours.

À Alain, Anthony, Régis, Florian, Jérémie, Adrian, Jordan, et Claire qui m'ont donné leur aimable autorisation pour publier leurs contenus.

Notes

1 Wolton (D.), *Informer n'est pas communiquer*, Paris, CNRS, 2009 (« Débats »).

2 Harsin (J.), Guide critique des *fake news* : de la comédie à la tragédie (Trad. I. Richet), *Pouvoirs*, vol. 164, n° 1, 2018, p. 99-119. En ligne : https://www.cairn.info/revue-pouvoirs-2018-1-page-99.htm

3 *Ibid.*

4 Collins COBUILD Advanced Learner's Dictionary, *Harper Collins Publishers*. En ligne : https://www.collinsdictionary.com/dictionary/english/fake-news

5 « Fake news » : un terme nouveau pour de vieilles histoires, *Le Temps*, 2 avril 2017. En Ligne : https://www.letemps.ch/societe/sciences-humaines/fake-news-un-terme-nouveau-vieilles-histoires

6 Kessler (G.), Kelly (M.), Rizzo (S.), Shapiro (L.) et Dominguez (L.), A Term of Untruths, *The Washington Post*, 23 janvier 2021. En ligne : https://www.washingtonpost.com/politics/interactive/2021/timeline-trump-claims-as-president/?itid=sf_fact-checker

7 Newman (N.), Fletcher (R.), Kalogeropoulos (A.), Levy (D. A. L.) et Nielsen (R. K.), Digital News Report 2017, *Reuters Institute for the Study of Journalism*, 2017. En ligne : https://reutersinstitute.politics.ox.ac.uk/sites/default/files/Digital%20News%20Report%202017%20web_0.pdf

8 *Ibid.*

9 Rubrique « Intox », *Les Observateurs de France 24*. En ligne : https://observers.france24.com/fr/tag/intox/

10 « Fausse nouvelle ». En ligne : https://vitrinelinguistique.oqlf.gouv.qc.ca/fiche-gdt/fiche/26542775/fausse-nouvelle

11 Bizet (A.), *Défense de la langue française*, n° 278, 4e trimestre 2020, p. 57-59.

12 Recommandations sur les équivalents français à donner à l'expression fake news, *Journal officiel de la République française*, n° 0229, 4 octobre 2018. En ligne : https://www.legifrance.gouv.fr/jorf/id/JORFTEXT000037460897

13 « Terminologie : comment est né le mot « infox » ? », *ministère de la Culture*, 18 mars 2019. En ligne : https://www.culture.gouv.fr/Actualites/Terminologie-comment-est-ne-le-mot-infox

14 Chiffres obtenus sur Google Actualités, 27 novembre 2023.

15 Boyer (V.), *X*, 15 juin 2023. En ligne : https://twitter.com/valerieboyer13/status/1669299541382778881

16 Pignol (S.), "Affaire Pagnol" à la Buzine à Marseille : la droite s'enflamme, Payan dénonce des "fake news", *La Provence*, 16 juin 2023. En ligne : https://www.laprovence.com/article/politique/84168320914914/affaire-pagnol-a-la-buzine-a-marseille-la-droite-senflamme-payan-denonce-des-fake-news

17 Définition proposée par Laurent Bigot, directeur de l'École de journalisme de Tours, dans Quinton (F.), Laurent Bigot : « Le fact-checking a une longue histoire, *Ina/La Revue des médias*, 5 mai 2017. En ligne : https://larevuedesmedias.ina.fr/laurent-bigot-le-fact-checking-une-longue-histoire

18 Kerkour (T.), "Fake news de BFMTV" : Enjoy Phoenix accuse la chaîne d'avoir trompé le public sur la tribune des influenceurs, *Ozap*, 28 mars 2023. En ligne : https://www.ozap.com/actu/-fake-news-de-bfmtv-enjoy-phoenix-accuse-la-chaine-d-avoir-trompe-le-public-sur-la-tribune-des-influenceurs/629885

19 Coupe du monde. « Des fakes news » : Roberto Martinez s'en prend aux médias belges et français, *Ouest-France*, 1er décembre 2022. En ligne : https://www.ouest-france.fr/sport/coupe-du-monde/coupe-du-monde-des-fakes-news-roberto-martinez-s-en-prend-aux-medias-belges-et-francais-92e59cc0-714c-11ed-b366-ca397b0bd9c1

20 Baromètre 2023 de la confiance des Français dans les media, 37e édition, *Kantar Public*, 22 novembre 2023. En ligne : https://www.kantarpublic.com/fr/barometres/barometre-de-la-confiance-des-francais-dans-les-media/barometre-2023-de-la-confiance-des-francais-dans-les-media

21 Weickert (C.), RT France accuse le JT de France 2 de diffuser une fake news sur Vladimir Poutine, *20 minutes*, 13 août 2018. En ligne : https://www.20minutes.fr/arts-stars/medias/2320699-20180813-rt-france-accuse-jt-france-2-diffuser-fake-news-vladimir-poutine

22 France TV Pro, *X*, 13 août 2018. En ligne : https://twitter.com/francetvpro/status/1028966948120535048

23 Affaire Dupont de Ligonnès : cinq sources pour une fausse piste, *Le Parisien*, 12 octobre 2019. En ligne : https://www.leparisien.fr/faits-divers/affaire-dupont-de-ligonnes-cinq-sources-pour-une-fausse-piste-12-10-2019-8171625.php

24 Giuliani-Hoffman (F.), 'F*** News' Should Be Replaced by These Words, Claire Wardle Says", *CNN*, 3 novembre 2017. En ligne : https://money.cnn.com/2017/11/03/media/claire-wardle-fake-news-reliable-sources-podcast/index.html

25 Sondage Via Voice pour les Assises du Journalisme de Tours avec *Le Journal du Dimanche*, France Télévisions, France Médias Monde et Radio France, mars 2018.

26 Sondage Via Voice pour les Assises du Journalisme de Tours et les médias cités précédemment, mars 2023.

27 Leary (M. R), *The Psychology of Intellectual Humility, Department of Psychology and Neuroscience*, Durham, Duke University, 2018. En ligne : https://www.templeton.org/wp-content/uploads/2018/11/Intellectual-Humility-Leary-FullLength-Final.pdf

28 Ouatik (B.), Pourquoi croit-on les fausses nouvelles ?, *Radio-Canada*, 5 juin 2019. En ligne : https://ici.radio-canada.ca/nouvelle/1173415/pourquoi-croyance-fausses-nouvelles-complots-cerveau-biais-cognitifs

29 Kaplan (J.T.), Gimbel (S.I) et Harris (S.), Neural Correlates of Maintaining One's Political Beliefs in the Face of Counter-evidence, *Scientific Reports*, 23 décembre 2016. En ligne : https://www.ncbi.nlm.nih.gov/pmc/articles/PMC5180221/

30 Voici quelques photos où l'on voit que le président de l'OMS, Macron, Bill Gates et tous les autres dirigeants de ce monde portent cette broche du Global Goals pour une Gouvernance Mondiale, *Brujitafr*, 10 octobre 2020. En ligne : http://www.brujitafr.fr/2020/10/voici-quelques-photos-ou-l-on-voit-que-le-president-de-l-oms-macron-bill-gates-et-tous-les-autres-dirigeants-de-se-monde-portent-cet

31 BROTHERTON (R.), Belief in Conspiracy Theories and Susceptibility to the Conjunction Fallacy, *Applied Cognitive Psychology*, vol. 28, n° 2, mars-avril 2014, p. 238-248. En ligne : https://onlinelibrary.wiley.com/doi/full/10.1002/acp.2995%60

32 OUATIK (B.), Pourquoi croit-on les fausses nouvelles ?, *op. cit.*

33 GRAEUPNER (D) et COMAN (A.), The Dark Side of Meaning-Making : How Social Exclusion Leads to Superstitious Thinking, *Journal of Experimental and Social Psychology*, vol. 69, mars 2017, p. 218-222. En ligne : https://oar.princeton.edu/rt4ds/file/17701/Journal logo

34 VOSOUGHI (S.), ROY (D.) et ARAL (S.), The Spread of True and False News Online, *Science*, vol. 359, n° 6380, 9 mars 2018, p. 1146-1151. En ligne : https://www.science.org/doi/10.1126/science.aap9559

35 PORTER (E.) et WOOD (T. J.), The Global Effectiveness of Fact-Checking : Evidence from Simultaneous Experiments in Argentina, Nigeria, South Africa, and the United Kingdom, *PNAS*, vol. 118, n° 37, 10 septembre 2021. En ligne : https://www.pnas.org/doi/10.1073/pnas.2104235118

36 HERNANDEZ (J.), Le fact-checking sert-il à quelque chose ?, *Le Figaro*, 4 janvier 2022. En ligne : https://www.lefigaro.fr/sciences/le-fact-checking-sert-il-a-quelque-chose-20220104

37 *Ibid.*

38 Terme employé par Julien Pain, dans BERROD (N.), Le fact-checking sert-il à quelque chose ? Ce qu'en dit la science, *Le Parisien*, 25 août 2023. En ligne : https://www.leparisien.fr/sciences/le-fact-checking-sert-il-a-quelque-chose-ce-quen-dit-la-science-25-08-2023-UHO2N6FVQBCOVFVHI7XNWQMYH4.php

39 *Ibid.*

40 Comment corriger efficacement une mésinformation ?, *Fondation Descartes*, juillet 2020. En ligne : https://www.fondationdescartes.org/2020/07/comment-corriger-efficacement-une-mesinformation/

41 *Ibid.*

42 Pourquoi il est important de vérifier une information avant de la partager, *Le Monde/Les Décodeurs*, 23 janvier 2017. En ligne : https://www.lemonde.fr/les-decodeurs/article/2017/01/23/decodex-pourquoi-il-est-important-de-verifier-une-information-avant-de-la-partager_5067720_4355770.html

43 Hurel (P.), *Emmanuel Macron, la stratégie du météore*, Chrysalide Productions & Éléphant Doc, novembre 2016. En ligne : https://www.chrysalide-productions.com/documentaires/emmanuel-macron-la-strategie-du-meteore/

44 Gouaillier (S.), Brésil : derrière le saccage de Brasilia, un "complotisme électoral" décrypte Tristan Mendès France, *FranceInfo*, 9 janvier 2023. En ligne : https://www.francetvinfo.fr/monde/bresil/assaut-contre-des-lieux-de-pouvoir/bresil-derriere-le-saccage-de-brasilia-un-complotisme-electoral-decrypte-tristan-mendes-france_5592060.html

45 Lignes de faille. Le comité d'experts sur les conséquences socioéconomiques de la mésinformation en science et en santé, Ottawa, *Conseil des Académies canadiennes*, 2023, p. 20. En ligne : https://www.rapports-cac.ca/wp-content/uploads/2023/01/Rapport-Lignes-de-faille-digital-1.pdf

46 Tirrell (M.), Health Misinformation Is Lowering U.S. Life Expectancy, FDA Commissioner Robert Califf Says, *CNBC*, 11 avril 2023. En ligne : https://www.cnbc.com/2023/04/11/us-life-expectancy-hurt-by-misinformation-fda-commissioner-robert-califf.html

47 Covid-19 : des troubles de stress et d'anxiété bien présents au Québec et au Canada, aggravés par la désinformation, *Université de Sheerbrooke*, 22 avril 2020. En ligne : https://www.usherbrooke.ca/actualites/nouvelles/details/42735

48 Adegoke (Y.), Northcott (C.), Leroy (A.), Jari (A.), Shittu (M. T.), Francavilla (C.) et Strick (B.), Like. Share. Kill, *BBC Africa Eye*, 13 novembre 2018. En ligne : https://www.bbc.co.uk/news/resources/idt-sh/nigeria_fake_news

49 Inside WhatsApp Fake News Problem in India : When Rumours Lead to Killings, *HT Tech News*, 19 août 2022. En ligne : https://tech.hindustantimes.com/tech/news/inside-whatsapp-s-fake-news-problem-in-india-when-rumours-lead-to-killings-story-3BXP5eXAFbl9aDEMrGm22M.html

50 Ingram (M.), In Some Countries, Fake News on Facebook is A Matter of Life and Death, *Columbia Journalism Review*, 21 novembre 2017. En ligne : https://www.cjr.org/analysis/facebook-rohingya-myanmar-fake-news.php

51 Brandolini (A.), *X*, 11 janvier 2013. En ligne : https://twitter.com/ziobrando/status/289635060758507521

52 Les Français disent STOP aux fake news, *Odoxa*, 31 janvier 2019. En ligne : https://www.odoxa.fr/sondage/francais-disent-stop-aux-fake-news/

53 Baromètre 2023 de la confiance des Français dans les media, *op. cit.*

54 Civic Online Reasoning – A Little of Everything, *Stanford History Education Group*, 2014. En ligne : https://cor.stanford.edu/curriculum/collections/a-little-of-everything/

55 Pezet (J.), Non, Didier Raoult n'a pas appelé les Africains à ne pas prendre le vaccin de Bill Gates contre le coronavirus, *Libération/Checknews*, 30 mars 2020. En ligne : https://www.liberation.fr/checknews/2020/03/30/non-didier-raoult-n-a-pas-appele-les-africains-a-ne-pas-prendre-le-vaccin-de-bill-gates-contre-le-co_1783559/

56 Capron (A.), RD Congo : qui se cache derrière ces très populaires pages de fausses citations autour du Covid-19 ?, *Les Observateurs de France 24*, 7 mai 2020. En ligne : https://observers.france24.com/fr/20200507-rd-congo-pages-fausses-citations-covid-19-browns-verite-grassd-intox

57 Des évaluations transparentes de l'information, *NewsGuard*. En ligne : https://www.newsguardtech.com/fr/solutions/newsguard-ratings/

58 Pourquoi nous faire confiance ?, *NewsGuard*. En ligne : https://www.newsguardtech.com/fr/a-propos/pourquoi-nous-faire-confiance/

59 Civic Online Reasoning – Intro to lateral reading, *Stanford History Education Group*, 2014. En ligne : https://cor.stanford.edu/curriculum/lessons/intro-to-lateral-reading/

60 Programme Meta de vérification des informations. En ligne : https://www.facebook.com/formedia/mjp/programs/third-party-fact-checking

61 Qu'est-ce que ClaimReview ?, *The ClaimReview Project*. En ligne : https://www.claimreviewproject.com/a-propos-de-claimreview

62 Google Fact Check Explorer. En ligne : https://toolbox.google.com/factcheck/explorer/search/list :recent ;hl=fr

63 LELOUP (D.), « Community Notes » de Twitter : une semaine dans la peau d'un « arbitre de la vérité », *Le Monde*, 24 juin 2023. En ligne : https://www.lemonde.fr/pixels/article/2023/06/24/community-notes-de-twitter-une-semaine-dans-la-peau-d-un-arbitre-de-la-verite_6179088_4408996.html?random=1653118968

64 BREWSTER (J.), HOWARD (S.) et SCHIMMEL (B.), Misinformation Monitor, *NewsGuard*, 19 octobre 2023 (étude réalisée sur la base des dix intox les plus partagées entre le 9 et le 16 octobre, sur les 25 fausses publications suscitant le plus d'engagement). En ligne : https://www.newsguardtech.com/fr/misinformation-monitor/octobre-2023/

65 How Gen Z Uses Emoji : A Guide For Millennials, *Dictionnary.com*, 28 septembre 2022. En ligne : https://www.dictionary.com/e/gen-z-explains-emoji-to-millennials/

66 *TikTok*, 5 août 2023. En ligne : https://vm.tiktok.com/ZGe2MnUTL/

67 KIENNEMANN (L.), Ce que l'on sait des "villas" prétendument achetées par Volodymyr Zelensky avec l'argent des Occidentaux, *Les Observateurs de France 24*, 19 mai 2023. En ligne : https://observers.france24.com/fr/europe/20230519-ce-que-l-on-sait-de-ces-villas-pr%C3%A9tendument-achet%C3%A9es-par-volodymyr-zelensky-avec-l-argent-des-occidentaux

68 URBANI (S.), Guide essentiel de First Draft pour la vérification de l'information en ligne (2e édition), *First Draft*, janvier 2020, p. 16-19. En ligne : https://firstdraftnews.org/wp-content/uploads/2020/07/Verifying_Online_Information_Digital_AW_FR.pdf ?x32863

69 En ligne : https://images.google.com/

70 RAJ (A.), How Does Yandex Reverse Image Search Work ?, *Budding Geek*, 27 février 2022. En ligne : https://buddinggeek.com/yandex-reverse-image-search/

71 TOLER (A.), Using Reverse Image Search For Investigations, *Bellingcat*, 26 décembre 2019. En ligne : https://www.bellingcat.com/resources/how-tos/2019/12/26/guide-to-using-reverse-image-search-for-investigations/

72 Capron (A.), Yandex, l'outil avancé de recherche d'images, *Les Observateurs de France 24*, 20 mai 2019. En ligne : https://observers.france24.com/fr/20190520-info-intox-31-yandex-outil-avance-recherche-images

73 Orsini (A.), Fake news et complot : l'influence de Reddit et 4chan se ressent sur Twitter, *Numerama*, 5 novembre 2017. En ligne : https://www.numerama.com/tech/302987-fake-news-et-complot-linfluence-de-reddit-et-4chan-se-ressent-sur-twitter.html

74 A Brief Comparison of Reverse Image Searching Platforms, *DomainTools*, 9 octobre 2019. En ligne : https://www.domaintools.com/resources/blog/a-brief-comparison-of-reverse-image-searching-platforms/

75 Murray (A. C.), *Instagram*, 30 août 2015. En ligne : https://www.instagram.com/p/7AgywlMfsf/

76 Mossou (A.) et Higgins (R.), Derek Chauvin and Mirrored Images, *Bellingcat*, 1er novembre 2021. En ligne : https://www.bellingcat.com/resources/2021/11/01/a-beginners-guide-to-social-media-verification/

77 *Ibid.*

78 @Notwoofers, *X*, 14 avril 2022. En ligne : https://twitter.com/NotWoofers/status/1514405323993489409

79 Wion, 14 Sailors Killed When Tanzanian Ships Catch Fire During Black Sea Fuel Transfer, *YouTube*, 22 janvier 2019. En ligne : https://www.youtube.com/watch?v=OvagqQePyp4

80 Allen (C.), @christiannelallen, *Instagram*, 13 décembre 2019. En ligne : https://www.instagram.com/p/B6BVyfFAPHz/?igshid=ZjI0YTZmZTMwMg==

81 Toler (A.), *X*, 16 décembre 2019. En ligne : https://twitter.com/AricToler/status/1206679612543111169

82 Saidi (R.), @itstherocks, *Instagram*, 18 décembre 2018. En ligne : https://www.instagram.com/p/Bn2CnOyHPZ2/?igshid=N2ViNmM2MDRjNw==&img_index=1

83 YouTube Data Viewer. En ligne : https://citizenevidence.amnestyusa.org/

84 Sam Chan, 天津塘沽海港城區 爆炸了！傷亡不明..... (from 微博), *YouTube*, 12 août 2015. En ligne : https://youtu.be/5lDDdhZhdVU

85 © Alain Wandimoyi, *EPA*, 3 juillet 2010 (photo floutée par l'éditeur).

86 Capron (A.), Le Top des intox les plus fréquentes sur les réseaux sociaux en Afrique, *Les Observateurs de France 24*, 26 juillet 2017. En ligne : https://observers.france24.com/fr/20160408-top-intox-fake-reseaux-sociaux-afrique-facebook-twitter-whatsapp

87 Maduro (N.), *Facebook*, 20 mai 2018. En ligne : https://www.facebook.com/NicolasMaduro/videos/2198072487089889 (exemple détaillé dans Poulet (M.), Venezuela : Nicolas Maduro a-t-il vraiment salué une foule "invisible" ?, *Les Observateurs de France 24*, 22 mai 2018. En ligne : https://observers.france24.com/fr/20180522-venezuela-nicolas-maduro-il-vraiment-salue-une-foule-invisible-intox

88 © @TheFamousPhil, *Instagram*, 16 novembre 2017. En ligne : https://www.instagram.com/p/BbjujbmD-Ak/

89 Un sénateur LR partage un tweet complotiste sur Mamoudou Gassama, *Le Figaro*, 9 juin 2018. En ligne : https://www.lefigaro.fr/politique/le-scan/couacs/2018/06/09/25005-20180609ARTFIG00118-un-senateur-lr-partage-un-tweet-complotiste-sur-mamoudou-gassama.php

90 « Les gens étaient sous le balcon pour le rattraper », *20 Minutes*, 29 mai 2018. En ligne : https://www.20min.ch/fr/story/les-gens-etaient-sous-le-balcon-pour-le-rattraper-913750591376

91 Bayer (J.), Verification Toolset. En ligne : https://start.me/p/ZGAzN7/verification-toolset

92 Pool (H.), *Bellingcat, les combattants de la liberté*, 2018. En ligne (en anglais) : https://www.bellingcatfilm.com/

93 Bellingcat's Online Investigation Toolkit. En ligne : https://bit.ly/bcattools

94 Open Facto. En ligne : https://openfacto.fr/

95 Creps (J.), OSINT Newsletter. En ligne : https://osintnewsletter.com/

96 Audureau (W.), Les images conçues par intelligence artificielle, nouvel outil de désinformation, *Le Monde*, avril 2023. En ligne : https://www.lemonde.fr/idees/article/2023/04/13/les-images-concues-par-intelligence-artificielle-nouvel-outil-de-desinformation_6169318_3232.html

97 MonkeyPaw Production/BuzzFeedVideo, You Won't Believe What Obama Says in This Video, *YouTube*, 17 avril 2018. En ligne : https://www.youtube.com/watch?v=cQ54GDmleL0

98 Capron (A.), Des vidéos "deepfake" de Zelensky et Poutine émergent en marge de la guerre en Ukraine, *Les Observateurs de France 24*, 17 mars 2023. En ligne : https://observers.france24.com/fr/europe/20220317-deepfake-zelensky-poutine-ukraine-russie-video-fake

99 Lellouche (N.), Cette vidéo modifiée avec Kylian Mbappé montre le danger des deepfakes, *Numerama*, 29 août 2023. En ligne : https://www.numerama.com/tech/1485948-cette-video-modifiee-avec-kylian-mbappe-montre-le-danger-des-deepfakes.html

100 *Ibid.*

101 Gayte (A.), Elon Musk dit des bêtises ? Ce sont des deepfakes, prétend son avocat, *Numerama*, 27 avril 2023. En ligne : https://www.numerama.com/politique/1356906-elon-musk-dit-des-betises-ce-sont-des-deepfakes-pretend-son-avocat.html

102 Beaudonnet, (L.), « Si mon travail permet une prise de conscience, cela me rend heureux », estime le créateur des deepfakes de Tom Cruise, *20 minutes*, 5 mars 2021. En ligne : https://www.20minutes.fr/arts-stars/culture/2991983-20210305-si-travail-permet-prise-conscience-rend-heureux-estime-createur-deepfakes-tom-cruise

103 Niessner (M.), Face2Face : Real-time Face Capture and Reenactment of RGB Videos (CVPR 2016 Oral), *YouTube*, 17 mars 2016. En ligne : https://youtu.be/ohmajJTcpNk

104 Corridor Crew, Professional VFX Artists Explain How to Spot Fake Videos, *YouTube*, 27 novembre 2022. En ligne : https://www.youtube.com/watch?v=KqlW1TczgsA

105 MrGreen, How I Make my Deepfake Parodies, *YouTube*, 4 décembre 2022. En ligne : https://www.youtube.com/watch?v=jQi6h96oTQU

106 En ligne : https://deepware.ai/

107 En ligne : https://www.duckduckgoose.ai/deepfakeproof

108 Lamparski (N.), journaliste à AFP Factuel, *X*, 8 février 2023. En ligne : https://twitter.com/ninaism/status/1623273497479749632?t=spBLdCry9b00B2O2zLQa9g&s=19

109 Dixit (P.), Why Are AI-Generated Hands So Messed Up ?, *Buzzfeednews*, 31 janvier 2023. En ligne : https://www.buzzfeednews.com/article/pranavdixit/ai-generated-art-hands-fingers-messed-up

110 © @WebCrooner, *X*, 8 février 2023.

111 Mansour (J.) et Orsini (A.), Attention à cette image d'un "homme âgé au visage ensanglanté manifestant en France", *AFP Factuel*, 31 mars 2023. En ligne : https://factuel.afp.com/doc.afp.com.33CC82Z

112 Photo originale générée par IA par Régis Gonzalez. En ligne : https://perma.cc/BG7P-ZDYP?type=image

113 Photo générée par @Brick_suit, postée sur X par @EricTrump, 4 avril 2023. En ligne : https://twitter.com/EricTrump/status/1643312911941509121

114 Maiberg (E.), First Google Search Result for Tiananmen Square 'Tank Man' Is AI Generated, *404.media.co*, 20 septembre 2023. En ligne : https://www.404media.co/first-google-search-result-for-tiananmen-square-tank-man-is-ai-generated-selfie/

115 © @Ouroboros696969, *Reddit*, 2 avril 2023.

116 Harrison (M.), Google made an ai-generated fake the first result for "Tank man", *Futurism*, 20 septembre 2023. En ligne : https://futurism.com/the-byte/google-ai-generated-fake-tank-man

117 © BadYear85, *Instagram*, 29 mars 2023, *in* Chaigne (T.), Soupçonnée d'avoir été générée par une intelligence artificielle... cette photo est bien authentique : son auteur raconte, *Les Observateurs des France 24*, 31 mars 2023. En ligne : https://observers.france24.com/fr/europe/20230331-soupçonnée-d-avoir-été-générée-par-une-intelligence-artificielle-cette-photo-est-bien-authentique-son-auteur-raconte-ia-manifestations-28-mars-retraite

118 Chaigne (T.), Soupçonnée d'avoir été générée par une intelligence artificielle... cette photo est bien authentique : son auteur raconte, *Les Observateurs de France 24*, 31 mars 2023. En ligne : https://observers.france24.com/fr/europe/20230331-soup%C3%A7onn%C3%A9e-d-avoir-%C3%A9t%C3%A9-g%C3%A9n%C3%A9r%C3%A9e-par-une-intelligence-artificielle-cette-photo-est-bien-authentique-son-auteur-raconte-ia-manifestations-28-mars-retraite

119 Audureau (W.), L'improbable photo des présidents de l'OM et du PSG qui n'était pas générée par l'IA, *Le Monde*, 29 septembre 2023. En ligne : https://www.lemonde.fr/les-decodeurs/article/2023/09/29/l-improbable-photo-des-patrons-de-l-om-et-du-psg-qui-n-etait-pas-generee-par-l-ia_6191579_4355770.html

120 La Commission salue l'accord politique obtenu sur le règlement concernant l'intelligence artificielle, communiqué de presse, *Commission européenne*, 9 décembre 2023. En ligne : https://ec.europa.eu/commission/presscorner/detail/fr/ip_23_6473

121 © Jérémie Galan, *X*, 21 mars 2023. En ligne : https://twitter.com/HologramBlues/status/1638306488237137925

122 Defakator, Vite fait : repérer les images générées par IA, *YouTube*, 11 mai 2023. En ligne : https://www.youtube.com/watch?v=wPvOl1-RXpw

123 Why Choose Our AI-Generated Content Detection Model, *HiveModeration*. En ligne : https://hivemoderation.com/ai-generated-content-detection

124 En ligne : https://huggingface.co/spaces/umm-maybe/AI-image-detector

125 En ligne : https://huggingface.co/umm-maybe/AI-image-detector

126 AI or Not. En ligne : https://www.aiornot.com/

127 ThisPersonDoesNotExist. En ligne : https://thispersondoesnotexist.com/

128 Thompson (S.A), How Easy Is It to Fool A.I.-Detection Tools ?, *The New York Times*, 28 juin 2023. En ligne : https://www.nytimes.com/interactive/2023/06/28/technology/ai-detection-midjourney-stable-diffusion-dalle.html

129 @AI_or_Not, *X*, 14 octobre 2023. En ligne : https://twitter.com/Ai_or_Not/status/1712967123277172805

130 Un montage audio fait croire à un plan secret d'Emmanuel Macron au Mali, *Les Observateurs de France 24*, 21 juin 2023. En ligne : https://observers.france24.com/fr/afrique/20230621-un-montage-audio-fait-croire-%C3%A0-un-plan-secret-d-emmanuel-macron-au-mali

131 Genevrier (G.), RDC : un faux audio d'Emmanuel Macron sur la manifestation à Goma, *RFI/Les dessous de l'infox*, 8 septembre 2023. En ligne : https://www.rfi.fr/fr/podcasts/les-dessous-de-l-infox-la-chronique/20230908-rdc-un-faux-audio-d-emmanuel-macron-sur-la-manifestation-%C3%A0-goma

132 AI Speech Classifier, *ElevenLabs.io*. En ligne : https://elevenlabs.io/ai-speech-classifier

Bibliographie

Du même auteur

Des vidéos “deepfake” de Zelensky et Poutine émergent en marge de la guerre en Ukraine, *Les Observateurs de France 24*, 17 mars 2023. En ligne : https://observers.france24.com/fr/europe/20220317-deepfake-zelensky-poutine-ukraine-russie-video-fake

Étude de cas : la vidéo de l'homme au T-shirt rouge tabassé au Togo, *Medium*, novembre 2023. En ligne : https://medium.com/@alcapron/etude-de-cas-la-vidéo-de-lhomme-au-t-shirt-rouge-tabassé-au-togo-691fb30c9b41

Étude de cas pour vérifier une vidéo : la “discothèque halal” de Djeddah, *Medium*, novembre 2020. En ligne : https://medium.com/@alcapron/etude-de-cas-pour-vérifier-une-vidéo-la-discothèque-halal-de-djeddah-1-2-fc1794e33f0d

Le Top des intox les plus fréquentes sur les réseaux sociaux en Afrique, *Les Observateurs de France 24*, 26 juillet 2017. En ligne : https://observers.france24.com/fr/20160408-top-intox-fake-reseaux-sociaux-afrique-facebook-twitter-whatsapp

Les outils forensiques : comment ça marche et pourquoi il faut s'en méfier, *Medium*, novembre 2017. En ligne : https://medium.com/@alcapron/les-outils-forensiques-comment-ça-marche-et-pourquoi-il-faut-sen-méfier-ed1beeb2b2b8

RD Congo : qui se cache derrière ces très populaires pages de fausses citations autour du Covid-19 ?, *Les Observateurs de France 24*, 7 mai 2020. En ligne : https://observers.france24.com/fr/20200507-rd-congo-pages-fausses-citations-covid-19-browns-verite-grassd-intox

Yandex, l'outil avancé de recherche d'images, *Les Observateurs de France 24*, 20 mai 2019. En ligne : https://observers.france24.com/fr/20190520-info-intox-31-yandex-outil-avance-recherche-images

Articles et autres

« Fake news » : un terme nouveau pour de vieilles histoires, *Le Temps*, 2 avril 2017. En Ligne : https://www.letemps.ch/societe/sciences-humaines/fake-news-un-terme-nouveau-vieilles-histoires

A Brief Comparison of Reverse Image Searching Platforms, Domaintools, 9 octobre 2019. En ligne : https://www.domaintools.com/resources/blog/a-brief-comparison-of-reverse-image-searching-platforms/

Civic Online Reasoning – A Little of Everything, *Stanford History Education Group*, 2014. En ligne : https://cor.stanford.edu/curriculum/collections/a-little-of-everything/

Civic Online Reasoning – Intro to Lateral Reading, *Stanford History Education Group*, 2014. En ligne : https://cor.stanford.edu/curriculum/lessons/intro-to-lateral-reading/

Affaire Dupont de Ligonnès : cinq sources pour une fausse piste, *Le Parisien*, 12 octobre 2019. En ligne : https://www.leparisien.fr/faits-divers/affaire-dupont-de-ligonnes-cinq-sources-pour-une-fausse-piste-12-10-2019-8171625.php

Baromètre 2023 de la confiance des Français dans les media, 37e édition, *Kantar Public*, 22 novembre 2023. En ligne : https://www.kantarpublic.com/fr/barometres/barometre-de-la-confiance-des-francais-dans-les-media/barometre-2023-de-la-confiance-des-francais-dans-les-media

Comment corriger efficacement une mésinformation ?, *Fondation Descartes*, juillet 2020. En ligne : https://www.fondationdescartes.org/2020/07/comment-corriger-efficacement-une-mesinformation/

Coupe du monde. « Des fakes news » : Roberto Martinez s'en prend aux médias belges et français, *Ouest-France*, 1er décembre 2022. En ligne : https://www.ouest-france.fr/sport/coupe-du-monde/coupe-du-monde-des-fakes-news-roberto-martinez-s-en-prend-aux-medias-belges-et-francais-92e59cc0-714c-11ed-b366-ca397b0bd9c1

Covid-19 : Des troubles de stress et d'anxiété bien présents au Québec et au Canada, aggravés par la désinformation, *Université de Sheerbrooke*, 22 avril 2020. En ligne : https://www.usherbrooke.ca/actualites/nouvelles/details/42735

How Gen Z Uses Emoji: A Guide For Millennials, *Dictionnary.com*, 28 septembre 2022. En ligne: https://www.dictionary.com/e/gen-z-explains-emoji-to-millennials/

Inside WhatsApp Fake News Problem in India, *Tech Hindustan Times avec Reuters*, 19 août 2022. En ligne: https://tech.hindustantimes.com/tech/news/inside-whatsapp-s-fake-news-problem-in-india-when-rumours-lead-to-killings-story-3BXP5eXAFbl9aDEMrGm22M.html

La Commission salue l'accord politique obtenu sur le règlement concernant l'intelligence artificielle, communiqué de presse, *Commission européenne*, 9 décembre 2023. En ligne: https://ec.europa.eu/commission/presscorner/detail/fr/ip_23_6473

Les Français disent STOP aux fake news, *Odoxa*, 31 janvier 2019. En ligne: https://www.odoxa.fr/sondage/francais-disent-stop-aux-fake-news/

Lignes de faille. Le comité d'experts sur les conséquences socio-économiques de la mésinformation en science et en santé, Ottawa, *Conseil des Académies canadiennes*, 2023, p. 20. En ligne: https://www.rapports-cac.ca/wp-content/uploads/2023/01/Rapport-Lignes-de-faille-digital-1.pdf

Pourquoi il est important de vérifier une information avant de la partager, *Le Monde/Les Décodeurs*, 23 janvier 2017. En ligne: https://www.lemonde.fr/les-decodeurs/article/2017/01/23/decodex-pourquoi-il-est-important-de-verifier-une-information-avant-de-la-partager_5067720_4355770.html

Pourquoi nous faire confiance?, *NewsGuard*. En ligne: https://www.newsguardtech.com/fr/a-propos/pourquoi-nous-faire-confiance/

Programme Meta de vérification des informations. En ligne: https://www.facebook.com/formedia/mjp/programs/third-party-fact-checking

Terminologie: comment est né le mot «infox»?», *ministère de la Culture*, 18 mars 2019. En ligne: https://www.culture.gouv.fr/Actualites/Terminologie-comment-est-ne-le-mot-infox

Un montage audio fait croire à un plan secret d'Emmanuel Macron au Mali, *Les Observateurs de France 24*, 21 juin 2023. En ligne: https://observers.france24.com/fr/afrique/20230621-un-montage-audio-fait-croire-%C3%A0-un-plan-secret-d-emmanuel-macron-au-mali

Un sénateur LR partage un tweet complotiste sur Mamoudou Gassama, *Le Figaro*, 9 juin 2018. En ligne : https://www.lefigaro.fr/politique/le-scan/couacs/2018/06/09/25005-20180609ARTFIG00118-un-senateur-lr-partage-un-tweet-complotiste-sur-mamoudou-gassama.php

ADEGOKE (Y.), NORTHCOTT (C.), LEROY (A.), JARI (A.), SHITTU (M. T.), FRANCAVILLA (C.) et STRICK (B.), Like. Share. Kill, *BBC Africa Eye*, 13 novembre 2018. En ligne : https://www.bbc.co.uk/news/resources/idt-sh/nigeria_fake_news

AUDUREAU (W.), L'improbable photo des présidents de l'OM et du PSG qui n'était pas générée par l'IA, *Le Monde*, 29 septembre 2023. En ligne : https://www.lemonde.fr/les-decodeurs/article/2023/09/29/l-improbable-photo-des-patrons-de-l-om-et-du-psg-qui-n-etait-pas-generee-par-l-ia_6191579_4355770.html

AUDUREAU (W.), Les images conçues par intelligence artificielle, nouvel outil de désinformation, *Le Monde*, 13 avril 2023. En ligne : https://www.lemonde.fr/idees/article/2023/04/13/les-images-concues-par-intelligence-artificielle-nouvel-outil-de-desinformation_6169318_3232.html

BEAUDONNET, (L.), « Si mon travail permet une prise de conscience, cela me rend heureux », estime le créateur des deepfakes de Tom Cruise, *20 minutes*, 5 mars 2021. En ligne : https://www.20minutes.fr/arts-stars/culture/2991983-20210305-si-travail-permet-prise-conscience-rend-heureux-estime-createur-deepfakes-tom-cruise

BELANGER (A.), OpenAI, Google Will Watermark AI-Generated Content to Hinder Deepfakes, misinfo, *ARStechnica*, 21 juillet 2023. En ligne : https://arstechnica.com/ai/2023/07/openai-google-will-watermark-ai-generated-content-to-hinder-deepfakes-misinfo/

BERROD (N.), Le fact-checking sert-il à quelque chose ? Ce qu'en dit la science, *Le Parisien*, 25 août 2023. En ligne : https://www.leparisien.fr/sciences/le-fact-checking-sert-il-a-quelque-chose-ce-quen-dit-la-science-25-08-2023-UHO2N6FVQBCOVFVHI7XNWQMYH4.php

BOYER (V.), *X*, 15 juin 2023. En ligne : https://twitter.com/valerieboyer13/status/1669299541382778881

BREWSTER (J.), HOWARD (S.) et SCHIMMEL (B.), Misinformation Monitor, *NewsGuard*, 19 octobre 2023 (étude réalisée sur la base des dix intox les plus partagées entre le 9 et le 16 octobre, sur les 25 fausses publications suscitant le plus d'engagement). En ligne : https://www.newsguardtech.com/fr/misinformation-monitor/octobre-2023/

BROTHERTON (R.), Belief in Conspiracy Theories and Susceptibility to the Conjunction Fallacy, *Applied Cognitive Psychology*, vol. 28, n° 2, mars-avril 2014, p. 238-248. En ligne : https://onlinelibrary.wiley.com/doi/full/10.1002/acp.2995%60

CHAIGNE (T.), Soupçonnée d'avoir été générée par une intelligence artificielle... cette photo est bien authentique : son auteur raconte, *Les Observateurs de France 24*, 31 mars 2023. En ligne : https://observers.france24.com/fr/europe/20230331-soup%C3%A7onn%C3%A9e-d-avoir-%C3%A9t%C3%A9-g%C3%A9n%C3%A9r%C3%A9e-par-une-intelligencc-artificielle-cette-photo-est-bien-authentique-son-auteur-raconte-ia-manifestations-28-mars-retraite

Collins COBUILD Advanced Learner's Dictionary. En ligne : https://www.collinsdictionary.com/dictionary/english/fake-news

CORRIDOR CREW, Professional VFX Artists Explain How to Spot Fake Videos, *YouTube*, 27 novembre 2022. En ligne : https://www.youtube.com/watch?v=KqlW1TczgsA

DEFAKATOR, Vite fait : repérer les images générées par IA, *YouTube*, 11 mai 2023. En ligne : https://www.youtube.com/watch?v=wPvOl1-RXpw

DIXIT (P.), Why Are AI-Generated Hands So Messed Up ?, *Buzzfeednews*, 31 janvier 2023. En ligne : https://www.buzzfeednews.com/article/pranavdixit/ai-generated-art-hands-fingers-messed-up

GAYTE (A.), Elon Musk dit des bêtises ? Ce sont des deepfakes, prétend son avocat, *Numerama*, 27 avril 2023. En ligne : https://www.numerama.com/politique/1356906-elon-musk-dit-des-betises-ce-sont-des-deepfakes-pretend-son-avocat.html

GENEVRIER (G.), RDC : un faux audio d'Emmanuel Macron sur la manifestation à Goma, *RFI/ Les dessous de l'infox*, 8 septembre 2023. En ligne : https://www.rfi.fr/fr/podcasts/les-dessous-de-l-infox-la-chronique/20230908-rdc-un-faux-audio-d-emmanuel-macron-sur-la-manifestation-%C3%A0-goma

GIULIANI-HOFFMAN (F.), 'F*** News' Should Be Replaced by These Words, Claire Wardle Says", *CNN*, 3 novembre 2017. En ligne : https://money.cnn.com/2017/11/03/media/claire-wardle-fake-news-reliable-sources-podcast/index.html

GOUAILLIER (S.), Brésil : derrière le saccage de Brasilia, un « complotisme électoral » décrypte Tristan Mendès France, *FranceInfo*, 9 janvier 2023. En ligne : https://www.francetvinfo.fr/monde/bresil/assaut-contre-des-lieux-de-pouvoir/bresil-derriere-le-saccage-de-brasilia-un-complotisme-electoral-decrypte-tristan-mendes-france_5592060.html

GRAEUPNER (D) et COMAN (A.), The Dark Side of Meaning-Making: How Social Exclusion Leads to Superstitious Thinking, *Journal of Experimental and Social Psychology*, vol. 69, mars 2017, p. 218-222. En ligne : https://oar.princeton.edu/rt4ds/file/17701/Journal logo

HARRISON (M.), Google made an ai-generated fake the first result for "Tank man", *Futurism*, 20 septembre 2023. En ligne : https://futurism.com/the-byte/google-ai-generated-fake-tank-man

HARSIN (J.), Guide critique des *fake news* : de la comédie à la tragédie (Trad. I. Richet), *Pouvoirs*, vol. 164, n° 1, 2018, p. 99-119. En ligne : https://www.cairn.info/revue-pouvoirs-2018-1-page-99.htm

HERNANDEZ (J.), Le fact-checking sert-il à quelque chose ?, *Le Figaro*, 4 janvier 2022. En ligne : https://www.lefigaro.fr/sciences/le-fact-checking-sert-il-a-quelque-chose-20220104

HUREL (P.), *Emmanuel Macron, la stratégie du météore*, Chrysalide Productions & Éléphant Doc, novembre 2016. En ligne : https://www.chrysalide-productions.com/documentaires/emmanuel-macron-la-strategie-du-meteore/

INGRAM (M.), In Some Countries, Fake News on Facebook is A Matter of Life and Death, *Columbia Journalism Review*, 21 novembre 2017. En ligne : https://www.cjr.org/analysis/facebook-rohingya-myanmar-fake-news.php

KAPLAN (J. T.), GIMBEL (S. I) et HARRIS (S.), Neural Correlates of Maintaining One's Political Beliefs in the Face of Counter-evidence, *Scientific Reports*, 23 décembre 2016. En ligne : https://www.ncbi.nlm.nih.gov/pmc/articles/PMC5180221/

KERKOUR (T.), "Fake news de BFMTV" : Enjoy Phoenix accuse la chaîne d'avoir trompé le public sur la tribune des influenceurs, *Ozap*, 28 mars 2023. En ligne : https://www.ozap.com/actu/-fake-news-de-bfmtv-enjoy-phoenix-accuse-la-chaine-d-avoir-trompe-le-public-sur-la-tribune-des-influenceurs/629885

KESSLER (G.), KELLY (M.), RIZZO (S.), SHAPIRO (L.) et DOMINGUEZ (L.), A Term of Untruths, *The Washington Post*, 23 janvier 2021. En ligne : https://www.washingtonpost.com/politics/interactive/2021/timeline-trump-claims-as-president/?itid=sf_fact-checker

KIENNEMANN (L.), Ce que l'on sait des "villas" prétendument achetées par Volodymyr Zelensky avec l'argent des Occidentaux, *Les Observateurs de France 24*, 19 mai 2023. En ligne : https://observers.france24.com/fr/europe/20230519-ce-que-l-on-sait-de-ces-villas-pr%C3%A9tendument-achet%C3%A9es-par-volodymyr-zelensky-avec-l-argent-des-occidentaux

LAMPARSKI (N.), journaliste à AFP Factuel, *X*, 8 février 2023. En ligne : https://twitter.com/ninaism/status/1623273497479749632?t=spBLdCry9b00B2O2zLQa9g&s=19

LEARY (M. R), *The Psychology of Intellectual Humility, Department of Psychology and Neuroscience*, Durham, Duke University, 2018. En ligne : https://www.templeton.org/wp-content/uploads/2018/11/Intellectual-Humility-Leary-FullLength-Final.pdf

LELLOUCHE (N.), Cette vidéo modifiée avec Kylian Mbappé montre le danger des deepfakes, *Numerama*, 29 août 2023. En ligne : https://www.numerama.com/tech/1485948-cette-video-modifiee-avec-kylian-mbappe-montre-le-danger-des-deepfakes.html

LELOUP (D.), « Community Notes » de Twitter : une semaine dans la peau d'un « arbitre de la vérité », *Le Monde*, 24 juin 2023. En ligne : https://www.lemonde.fr/pixels/article/2023/06/24/community-notes-de-twitter-une-semaine-dans-la-peau-d-un-arbitre-de-la-verite_6179088_4408996.html?random=1653118968

MAIBERG (E.), First Google Search Result for Tiananmen Square 'Tank Man' Is AI Generated, *404.media.co*, 20 septembre 2023. En ligne : https://www.404media.co/first-google-search-result-for-tiananmen-square-tank-man-is-ai-generated-selfie/

MANSOUR (J.) et ORSINI (A.), Attention à cette image d'un « homme âgé au visage ensanglanté manifestant en France », *AFP Factuel*, 31 mars 2023. En ligne : https://factuel.afp.com/doc.afp.com.33CC82Z

MONKEYPAW PRODUCTION/BUZZFEEDVIDEO, You Won't Believe What Obama Says in This Video, *YouTube*, 17 avril 2018. En ligne : https://www.youtube.com/watch?v=cQ54GDm1eL0

Mossou (A.) et Higgins (R.), Derek Chauvin and Mirrored Images, *Bellingcat*, 1er novembre 2021. En ligne : https://www.bellingcat.com/resources/2021/11/01/a-beginners-guide-to-social-media-verification/

Newman (N.), Fletcher (R.), Kalogeropoulos (A.), Levy (D. A. L.) et Nielsen (R. K.), Digital News Report 2017, *Reuters Institute for the Study of Journalism*, 2017. En ligne : https://reutersinstitute.politics.ox.ac.uk/sites/default/files/Digital%20News%20Report%202017%20web_0.pdf

Orsini (A.), Fake news et complot : l'influence de Reddit et 4chan se ressent sur Twitter, *Numerama*, 5 novembre 2017. En ligne : https://www.numerama.com/tech/302987-fake-news-et-complot-linfluence-de-reddit-et-4chan-se-ressent-sur-twitter.html

Ouatik (B.), Pourquoi croit-on les fausses nouvelles ?, *Radio-Canada*, 5 juin 2019. En ligne : https://ici.radio-canada.ca/nouvelle/1173415/pourquoi-croyance-fausses-nouvelles-complots-cerveau-biais-cognitifs

Pezet (J.), Non, Didier Raoult n'a pas appelé les Africains à ne pas prendre le vaccin de Bill Gates contre le coronavirus, *Libération/Checknews*, 30 mars 2020. En ligne : https://www.liberation.fr/checknews/2020/03/30/non-didier-raoult-n-a-pas-appele-les-africains-a-ne-pas-prendre-le-vaccin-de-bill-gates-contre-le-co_1783559/

Pignol (S.), « Affaire Pagnol » à la Buzine à Marseille : la droite s'enflamme, Payan dénonce des « fake news », *La Provence*, 16 juin 2023. En ligne : https://www.laprovence.com/article/politique/84168320914914/affaire-pagnol-a-la-buzine-a-marseille-la-droite-senflamme-payan-denonce-des-fake-news

Pool (H.), *Bellingcat, les combattants de la liberté*, film documentaire, 2018.

Porter (E.) et Wood (T. J.), The Global Effectiveness of Fact-Checking : Evidence from Simultaneous Experiments in Argentina, Nigeria, South Africa, and the United Kingdom, *PNAS*, vol. 118, n° 37, 10 septembre 2021. En ligne : https://www.pnas.org/doi/10.1073/pnas.2104235118

Quinton (F.), Laurent Bigot : « Le fact-checking a une longue histoire, *Ina/La Revue des médias*, 5 mai 2017. En ligne : https://larevuedesmedias.ina.fr/laurent-bigot-le-fact-checking-une-longue-histoire

Raj (A.), How Does Yandex Reverse Image Search Work ?, *Budding Geek*, 27 février 2022. En ligne : https://buddinggeek.com/yandex-reverse-image-search/

Rubrique « Intox », *Les Observateurs de France 24*. En ligne : https://observers.france24.com/fr/tag/intox/

Thompson (S.A), How Easy Is It to Fool A.I.-Detection Tools ?, *New York Times*, 28 juin 2023. En ligne : https://www.nytimes.com/interactive/2023/06/28/technology/ai-detection-midjourney-stable-diffusion-dalle.html

Toler (A.), Using Reverse Image Search For Investigations, *Bellingcat*, 26 décembre 2019. En ligne : https://www.bellingcat.com/resources/how-tos/2019/12/26/guide-to-using-reverse-image-search-for-investigations/

Toler (A.), *X*, 16 décembre 2019. En ligne : https://twitter.com/AricToler/status/1206679612543111169

Urbani (S.), Guide essentiel de First Draft News pour La vérification de l'information en ligne, janvier 2020. En ligne : https://firstdraftnews.org/wp-content/uploads/2020/07/Verifying_Online_Information_Digital_AW_FR.pdf?x32863

Vosoughi (S.), Roy (D.) et Aral (S.), The Spread of True and False News Online, *Science*, vol. 359, n° 6380, 9 mars 2018, p. 1146-1151. En ligne : https://www.science.org/doi/10.1126/science.aap9559.

Weickert (C.), RT France accuse le JT de France 2 de diffuser une fake news sur Vladimir Poutine, *20 minutes*, 13 août 2018. En ligne : https://www.20minutes.fr/arts-stars/medias/2320699-20180813-rt-france-accuse-jt-france-2-diffuser-fake-news-vladimir-poutine

Wolton (D.), *Informer n'est pas communiquer*, Paris, CNRS, 2009 (« Débats »).

@AI_or_Not, *X*, 14 octobre 2023. En ligne : https://twitter.com/Ai_or_Not/status/1712967123277172805

@FranceTVpro, *X*, 13 août 2023. En ligne : https://twitter.com/francetvpro/status/1028966948120535048

Outils d'information et de vérification

- **Photos**

Baidu Image : https://image.baidu.com/

Bing Images : https://www.bing.com/images/feed

Google Images : https://www.google.com/imghp

Karmadecay : http ://karmadecay.com/index/

ReveEye : https://reveye-reverse-image-search.fr.softonic.com/chrome/extension

TinEye : https://tineye.com/

Yandex Images : https://yandex.com/images/

- **Vidéos**

InVID-WeVerify : https://www.invid-project.eu/tools-and-services/invid-verification-plugin/

YouTube Data Viewer : https://citizenevidence.amnestyusa.org/

- **Analyse forensique**

Forensically : https://29a.ch/photo-forensics/#forensic-magnifier

Fotoforensics : https://fotoforensics.com/

Mever Image Verification Assistant : https://mever.iti.gr/forensics/

- **Détecteurs de contenus générés par IA**

AI or Not : https://www.aiornot.com/

Deepware : https://scanner.deepware.ai/

Duck Duck Goose AI : https://www.duckduckgoose.ai/deepfakes

Hive Moderation : https://hivemoderation.com/ai-generated-content-detection

Hugging Face AI art Detector : https://huggingface.co/umm-maybe/AI-image-detector

Ressources supplémentaires

AI Speech Classifier, ElevenLabs.io : https://elevenlabs.io/ai-speech-classifier

Bellingcat's Online Investigation Toolkit : https://bit.ly/bcattools

Google Toolbox : https://toolbox.google.com/factcheck/explorer/search/list:recent;hl=fr

Julia Bayer Toolkit : https://start.me/p/ZGAzN7/verification-toolset

NewsGuard Ratings : https://www.newsguardtech.com/fr/solutions/newsguard-ratings/

OSINT Newsletter : https://osintnewsletter.com/

The ClaimReview Project : https://www.claimreviewproject.com/francais

Verification Toolset : https://start.me/p/ZGAzN7/verification-toolset

Aller plus loin, sur le réseau social X

@AllForOsint
@bellingcat
@casusbellii
@Complorama
@DEFAKATOR_Off
@FactcheckEU
@factchecknet
@Factoscope_
@Fake_investiga
@FakeHistoryHunt
@Guillaume_HB
@hoaexeye
@InfoIntoxF24
@Observateurs
@ODIL
@OpenFacto
@osintnewsletter
@Quiztime
@ufoofinterest
@WTFake

À propos de l'auteur

« Dire "Je pense que c'est faux", c'est bien.
Expliquer pourquoi c'est faux, et le prouver, c'est mieux. »

Alexandre Capron est journaliste spécialiste de la vérification des contenus manipulatoires. Il dispose de douze ans d'expertise dans l'authentification des images amateur au sein de la rubrique des Observateurs, un site internet participatif permettant aux citoyens du monde entier de relater des événements dont ils ont été témoins. Depuis six années, il s'est spécialisé dans le domaine spécifique du *fact-checking*, notamment au sein de l'émission hebdomadaire « Info ou Intox », et en particulier sur la démystification des fausses informations autour de photos et de vidéos. Il a pu transmettre son expérience lors de plusieurs formations en France, mais aussi à l'international en Tanzanie, en Côte d'Ivoire ou en Tunisie.

Table des matières

DANS LA MÊME COLLECTION

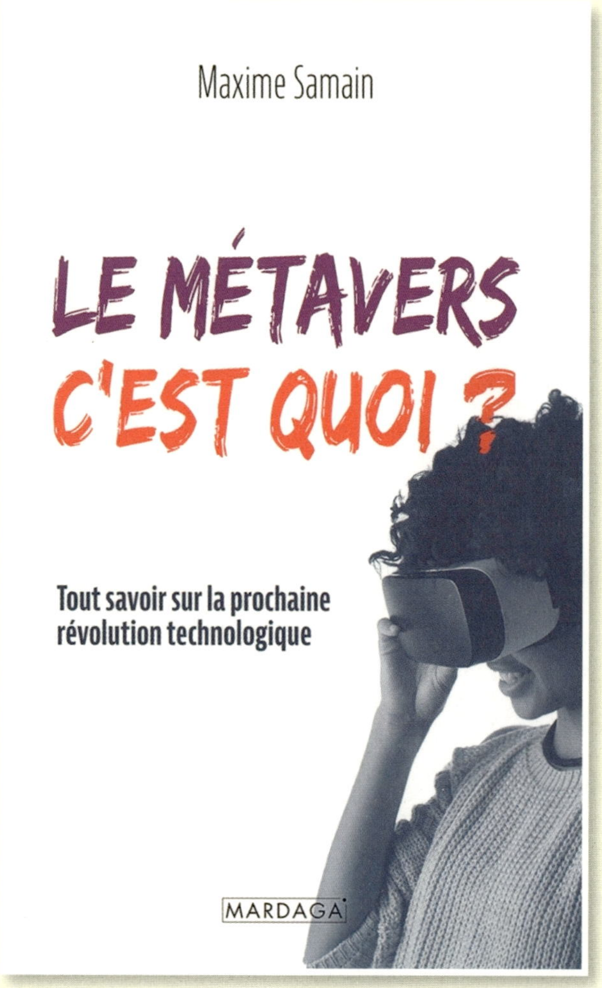

Louis de Diesbach
« BONJOUR CHATGPT »
Comment l'intelligence artificielle change notre rapport aux autres
MARDAGA